Ich lerne Schwimmen

Dieses Buch hat mir geschenkt: _____

Ich heiße: _____

Mein Geburtstag: _____

Meine Adresse: _____

_____

*Hier kannst du
ein Foto von dir einkleben.*

Das mache ich gern: _____

_____

Das mag ich nicht: _____

_____

Das wünsche ich mir: _____

_____

Ich lerne Schwimmen

Katrin Barth & Jürgen Dietze

Sportwissenschaftliche Beratung:
Prof. Dr. paed. habil. Berndt Barth

Meyer & Meyer Verlag

Reihe „Ich lerne .../Ich trainiere ..."
Herausgeberin: Katrin Barth

Papier aus nachweislich umweltverträglicher Forstwirtschaft.
Garantiert nicht aus abgeholzten Urwäldern!

Ich lerne Schwimmen

Bibliografische Information der Deutschen Nationalbibliothek
Die Deutsche Nationalbibliothek verzeichnet diese Publikation in der
Deutschen Nationalbibliografie; detaillierte bibliografische Daten sind im Internet
über http://dnb.d-nb.de abrufbar.

Alle Rechte, insbesondere das Recht der Vervielfältigung und Verbreitung sowie das
Recht der Übersetzung, vorbehalten. Kein Teil des Werkes darf in irgendeiner Form –
durch Fotokopie, Mikrofilm oder ein anderes Verfahren – ohne schriftliche Genehmigung
des Verlages reproduziert oder unter Verwendung elektronischer Systeme verarbeitet,
gespeichert, vervielfältigt oder verbreitet werden.

© 2002 by Meyer & Meyer Verlag, Aachen
3., überarbeitete Auflage 2011
Auckland, Beirut, Budapest, Cairo, Cape Town, Dubai, Indianapolis,
Kindberg, Maidenhead, Sydney, Olten, Singapore, Tehran, Toronto
Member of the World
Sport Publishers' Association (WSPA)
Druck: B.O.S.S Druck und Medien GmbH
ISBN 978-3-89899-683-9
E-Mail: verlag@m-m-sports.com
www.dersportverlag.de

Inhalt

1 **Lieber Schwimmanfänger** 11
Kleines Schwimmtagebuch, warum Schwimmen so wichtig ist,
wie das Buch dich beim Schwimmenlernen begleiten will

2 **Aus der Geschichte des Schwimmens** 15
Seit wann die Menschen schwimmen, Schwimmsportarten,
Übungsstunden in der Vergangenheit und heute

3 **Hallo, Nadine!** 21
Im Gespräch mit einem Mädchen,
welches das *Seepferdchen* schon geschafft hat.

4 **Was ich mit in die Schwimmhalle nehme** 25
Alles zur Schwimmbekleidung und Ausrüstung

5 **Das Wasser** 29
Wie Wasser sein kann, das Wasser trägt,
Versuche und Spiele im Wasser, Schwimmhilfen

6 **Wann wir das Schwimmen erlernen** 41
Zum Babyschwimmen und zur Wassergewöhnung

7 **Die Grundfertigkeiten** 51
Entwicklung der Wassersicherheit und Schwimmfähigkeit
durch Tauchen, Springen, Atmen, Gleiten, Fortbewegen,
mit vielen Übungen

8 **Das Brustschwimmen** 77
Die Technik, Hinweise, Fehler, Übungen, der Kopfsprung

9 **Das Rückenkraulschwimmen** 93
Die Technik, Hinweise, Fehler, Übungen, der Rückenstart

10 Schwimmabzeichen **109**
Die Bedingungen, um das *Seepferdchen* zu erreichen,
Vielseitigkeitabzeichen *Trixi*, der Jugendschwimmpass

11 Schwimmen üben und trainieren **115**
Kleiner Ausblick auf das weitere Üben; Kraulschwimmen,
Starts, Wenden, Schwimmkombinationen

12 Damit alles seine Ordnung hat **123**
Badeordnung, Schwimmmeister, Baderegeln, Erste Hilfe,
Selbstrettung

13 Fit und gesund **135**
Richtiges Essen und Trinken, gesunde Lebensweise

14 Auflösungen und Antworten **141**

15 Auf ein Wort, ... **143**
Liebe Eltern, lieber Schwimmlehrer!
Wie die Großen die Schwimmanfänger unterstützen können,
der Umgang mit dem Buch

Literaturnachweis **151**
Bildnachweis **151**

Anmerkung:

Aus Gründen der besseren Lesbarkeit haben wir uns entschlossen, durchgängig die männliche (neutrale) Anredeform zu nutzen, die selbstverständlich die weibliche mit einschließt.

Das vorliegende Buch wurde sorgfältig erarbeitet. Dennoch erfolgen alle Angaben ohne Gewähr. Weder die Autoren noch der Verlag können für eventuelle Nachteile oder Schäden, die aus den im Buch vorgestellten Informationen resultieren, Haftung übernehmen.

Ich lerne Schwimmen

Hallo, du kleine Bademaus und Wasserratte!

Ich bin Fini, das schnellste Delfinmädchen der Welt. Na ja, das ist vielleicht etwas übertrieben ...! Ich möchte dir hier in diesem Buch beim Schwimmenlernen helfen.

Wir haben bestimmt viel Spaß zusammen.

Hallo, du Knirps!

Ich bin Speedster, der Freund von Fini. Ich bin von der Schwimmjugend und kann schon ganz lange schwimmen. Jetzt werde ich dir zuschauen, wie du dich beim Schwimmenlernen so anstellst. Vielleicht wird sogar ein Superschwimmer aus dir.

Ich lerne Schwimmen

Manche Bilder von Fini wirst du häufig im Buch sehen.

Hier gibt dir Fini einen guten Tipp oder einen wichtigen Ratschlag, damit es noch besser klappt.

Hier stehen Übungen, die du mit Mama, Papa, Oma, Opa oder Geschwistern im Schwimmbad oder im See durchführen kannst.

Hier ist Fini im Häuschen, also daheim. Neben diesem Bild stehen immer solche Übungen, die du auch ohne Schwimmbecken ausführen kannst.

Ich lerne Schwimmen

Manchmal hat Fini auch eine Aufgabe oder ein Rätsel für dich. Diese findest du bei dem Fragezeichen. Die Antworten stehen im hinteren Teil des Buches.

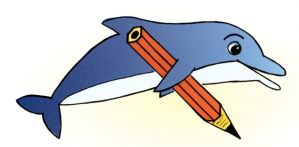

Siehst du Fini mit einem Stift, gibt es immer was zu malen oder zu schreiben. Wenn du Lust hast, kannst du natürlich auch alle Zeichnungen im Buch farbig ausmalen.

Manche Übungen sind gar nicht so leicht auszuführen und es gehört schon etwas Mut dazu. Herzlichen Glückwunsch und bravo, bravo, wenn du es ausprobiert hast und es dir geglückt ist. Zur Belohnung male Finis Blume aus.

Ich lerne Schwimmen

Mein kleines Schwimmtagebuch

Wann ich das Buch bekommen habe: _____

Wann ich das erste Mal

- in der Schwimmhalle war: _____
- im Freibad war: _____
- im Meer war: _____

Mit wem ich am liebsten zum Baden gehe: _____
_____

Mein erster Sprung ins flache Wasser war am: _____
Mein erster Sprung ins tiefe Wasser war am: _____
Mein erstes Tauchen war am: _____

Wo ich das Schwimmen lerne: _____
Wie mein Schwimmlehrer heißt: _____
Wann meine erste Übungsstunde war: _____

Wann ich das erste Mal alleine geschwommen bin: _____

Seepferdchenprüfung bestanden am:
_____

Wie mir das Schwimmen gefällt: 🙂   😐   🙁
Male den passenden Smiley farbig aus!

1 Lieber Schwimmanfänger

Es gibt große und kleine Kinder, kräftigere und dünnere oder wilde und ruhige. Manche Kinder malen, puzzeln oder basteln gern. Manche toben am liebsten auf dem Spielplatz, klettern auf Bäume und mögen es zu raufen. Der geschickte Ballspieler geht bald zu einem Fußballverein, der gute Sänger zum Chor und der Quatschmacher meldet sich beim Kindertheater an. Jedes Kind hat andere Talente. Das heißt, jedes Kind kann etwas besonders gut und hat besonders viel Spaß daran.

Was machst du am liebsten?

_____

Bist du schon in einer Kindergruppe oder einem Verein angemeldet?

_____

Schwimmen ist am Anfang keine Freizeitbeschäftigung wie Radfahren, Fußballspielen, Tanzen, Singen oder Tennis. Schwimmen muss jeder können!

Jedes Baby lernt im ersten Jahr das Laufen, denn es kann ja nicht ewig im Kinderwagen herumgeschoben werden. Auch wollen die kleinen Kinder sprechen lernen, um endlich sagen zu können, was sie wollen. Später in der Schule lernen alle Kinder lesen, schreiben und rechnen.

Warum muss man schwimmen lernen?

Damit du beim Baden und Spielen im Wasser nicht untergehst. Schwimmen kann dir also das Leben retten. Jedes Jahr ertrinken Kinder und Erwachsene, weil sie gar nicht oder nicht richtig schwimmen können. Du kannst dich vor dieser Gefahr schützen, wenn du rechtzeitig das Schwimmen erlernst und weißt, wie du dich im Wasser verhalten musst.

Wozu ist Schwimmen außerdem noch gut?

Der Aufenthalt im kühleren Wasser härtet deinen Körper ab. Das schützt dich vor Erkältungen. Die Bewegungen im Wasser und das Atmen kräftigen deine Lungen und dein Herz. Du wirst ausdauernder, machst nicht so schnell schlapp und stärkst deine Muskeln. Der Körper ist im Wasser leichter als an Land. Das ist gut für die Wirbelsäule, die Knochen und Gelenke.

Wer zum Schwimmen in die Schwimmhalle oder ins Freibad geht, trifft dort andere Kinder. Beim Schwimmen, Ballspielen, Springen, Tauchen und Rutschen hast du viel Spaß und findest sicher auch neue Freunde.

Lieber Schwimmanfänger

Wenn du das Schwimmen erlernt hast und es dir viel Freude macht, kannst du weiterüben. Vielleicht gibt es bei euch einen Schwimmverein mit regelmäßigen Übungsstunden. So haben auch die erfolgreichen Schwimmer angefangen, welche jetzt bei großen Wettkämpfen Medaillen gewinnen. Wir haben dir eine ganze Menge wichtiger und guter Gründe für das Schwimmenlernen aufgeschrieben. Nun geht's los! Die beste Zeit, um schwimmen zu lernen, ist das Jahr, bevor du in die Schule kommst. Wer das verpasst hat, erhält auf jeden Fall in der Schule Schwimmunterricht. Aber besser ist, du kannst es da schon.

Dieses Buch soll dich beim Schwimmenlernen begleiten. Wir haben dir Interessantes zum Wasser, Tipps und Tricks sowie viele Übungen aufgeschrieben. Wir erklären dir auch, warum manche Vorübungen im Wasser so wichtig sind und was du alles können musst. Kannst du noch nicht lesen, dann schau dir die Zeichnungen an und lass dir vorlesen. Dies ist aber nicht nur ein Vorlese- und Anschaubuch, sondern du darfst auch mitgestalten. Schreibe deine Daten ein, male die Zeichnungen aus, klebe Fotos ein, löse Rätsel und Aufgaben. Hab einfach viel Freude mit dem Buch und lerne schnell schwimmen.

Viel Spaß dabei wünschen dir die Autoren ...

... und Fini!

Ich lerne Schwimmen

Magst du auch Delfine? Auf diese Seite kannst du einen schönen Delfin zeichnen oder ein Bild von Delfinen einkleben.

Hast du Lust, diese Zeichnung zu beenden!

Aus der Geschichte ...

.... 2 Aus der Geschichte des Schwimmens

Schon immer sind die Menschen gerne zum Baden und Schwimmen gegangen. Herumtollen im Wasser macht Spaß, bringt Abkühlung an heißen Tagen und kräftigt den Körper.

Gern bauten die Menschen ihre Hütten und Häuser in die Nähe von Flüssen, Seen oder dem Meer. So hatte man gute Aussicht, leckeren Fisch zu essen und mit Booten kam man bequem von einem Ort zum anderen. Da es früher auch noch keine Waschmaschine gab, wurde im sauberen Fluss die Wäsche gewaschen und, wie du dir denken kannst, die kleinen Kinder gleich mit.

Neulich lag Fini schon im Bett und konnte nicht einschlafen. Sie hatte noch einige wichtige Fragen an ihre Mama:

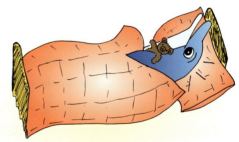

„Sag mal, Mama, von wem hast du eigentlich das Schwimmen gelernt?"
  „Von deinen Großeltern, Fini."
„Und von wem haben es meine Großeltern gelernt?"
  „Von deinen Urgroßeltern."
„Und von wem haben es meine Urgroßeltern gelernt?"
  „Von deinen Ururgroßeltern."
„Und von wem haben es meine Ururgroßeltern gelernt?"
  „Von deinen Urururgroßeltern."
„Und von wem haben es meine Urururgroßeltern gelernt?"
  „Von deinen Ururururgroßeltern." „Und von wem ..."

Wie die Geschichte ausgeht, siehst du auf der nächsten Seite.

Ich lerne Schwimmen

O je, Fini ist eingeschlafen!

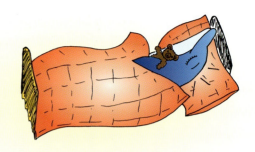

Besonders für Kinder ist es ein riesiger Spaß, im Wasser zu plantschen, zu tollen und zu spritzen. Aber das Wasser kann auch gefährlich sein. Deshalb haben schon zu allen Zeiten und in allen Ländern die Eltern dafür gesorgt, dass ihre Kleinen so bald wie möglich das Schwimmen erlernen. Meistens haben den Schwimmunterricht die Familien selbst übernommen. Später gab es auch Schwimmlehrer.

Schwimmsportarten

Als Schwimmer kannst du gemütlich im Wasser herumschwimmen. Es macht zudem auch großen Spaß, sich mit anderen Schwimmern im Wettkampf zu messen. Aber auch für viele andere Sportarten ist es wichtig, dass du gut schwimmen kannst.

Sportschwimmen

Es gibt verschiedene Wettkämpfe, in denen die Schwimmart und die Länge der Strecke vorher festgelegt werden. Wer ist der schnellste Schwimmer?

Aus der Geschichte ...

Wasserspringen

Die Sportler springen vom Turm oder Sprungbrett aus verschiedenen Höhen. Dabei machen sie Saltos, Schrauben oder andere schöne Figuren.

Synchronschwimmen

Es sieht so aus, als ob die Sportlerinnen zur Musik im Wasser tanzen. Alleine, zu zweit oder als Gruppe werden schöne Figuren gezeigt. Wie Balletttänzerinnen bewegen sie sich im Wasser.

Ich lerne Schwimmen

Wasserball

Das Schwimmbecken ist in ein Spielfeld mit zwei Toren eingeteilt. Die Spieler der beiden Mannschaften bewegen sich durch Schwimmen im Wasser und versuchen, mit dem Ball Tore zu werfen.

Viele Kinder, Jugendliche und Erwachsene trainieren in Sportvereinen, um immer besser in ihrer Sportart zu werden. Gibt es in deiner Schwimmhalle auch Trainingsgruppen für diese Sportarten?

Surfen, Segeln, Rudern, Paddeln

Diese Sportler sind mit einem Surfbrett oder einem Boot unterwegs. Aber wie schnell kann es ihnen passieren, dass sie durch eine Welle oder eine ungeschickte Bewegung über Bord gehen! Alle Wassersportler sollten auch sehr gute Schwimmer sein.

Wenn Nichtschwimmer in ein Boot steigen, müssen sie unbedingt eine Rettungsweste anlegen.

Aus der Geschichte ...

Übungsstunden in der Vergangenheit und heute

Wer sich mit anderen Sportlern im Wettkampf misst, will natürlich auch gut sein. So gab es schon immer Schwimmlehrer und Trainer, die mit den Sportlern fleißig geübt haben.

Vor über 100 Jahren dachten eifrige Schwimmlehrer, dass die beste Methode zum Schwimmenlernen darin besteht, mit Trockenübungen zu beginnen.

Bevor die Schwimmanfänger im Wasser üben durften, mussten sie die Arm- und Beinbewegungen an Land üben und perfekt beherrschen. Viele Übungen wurden auf einem Bock oder Hocker ausgeführt.

Sogar recht merkwürdige Apparate haben die Schwimmlehrer entwickelt und gebaut. Sie dachten, so kann man am besten die richtige Schwimmbewegung lernen.

Ich lerne Schwimmen

In der heutigen Zeit werden diese sogenannten *Trockenübungen* kaum noch gemacht. Manchmal zeigt der Schwimmlehrer am Beckenrand, wie die Arm- oder Beinbewegung ausgeführt wird und lässt es sich von den Kindern zeigen. Aber geübt wird im Wasser. Nur dort finden wir die richtigen Bedingungen für das Schwimmen.

 **Schwimmen lernt man nur durch Schwimmen!**

3 Hallo, Nadine!

He, du, warte mal bitte! Ich bin Fini aus dem Schwimmbuch und will Kindern beim Schwimmenlernen helfen.

Hallo, Fini, ich bin Nadine. Aber mir brauchst du nicht mehr zu helfen, ich kann doch schon schwimmen.

Das habe ich gesehen. Du hast ja schon das *Seepferdchen* auf deiner Badehose. Darf ich dir mal ein paar Fragen stellen und für mein Schwimmbuch ein Interview machen?

Ja, okay! Andere Kinder wollen bestimmt auch schwimmen lernen und vielleicht in einen Schwimmkurs gehen.

Ich lerne Schwimmen

Du schwimmst ja schon richtig schnell, springst ohne Angst ins tiefe Wasser und kannst sogar tauchen. Dabei gehst du noch nicht einmal in die Schule.

Das habe ich alles mit meinen Freunden im Schwimmkurs gelernt. Nun habe ich das *Seepferdchen* bestanden und darf mit Mama ins große Schwimmbecken.

Das klingt so einfach. War es denn nicht schwierig für dich?

Ja, schon etwas. Oft taten mir die Arme und Beine weh. Manchmal hatte ich Angst, dass ich Wasser in die Augen bekomme, nicht atmen kann oder untergehe.

Und warum bist du jetzt eine so mutige Schwimmerin?

Unsere Schwimmlehrer haben mir gezeigt, wie das Wasser den Menschen tragen kann, wie der Körper im Wasser gleitet und wie ich beim Schwimmen atmen muss, damit ich mich nicht verschlucke. Dann musste ich viel üben.

Hat es dir denn immer Spaß gemacht?

Meistens, doch nicht immer. Beim ersten Sprung ins tiefe Wasser hat mein Schwimmlehrer viel Geduld mit mir gehabt. Ich habe so viel Wasser in den Mund und in die Nase bekommen, dass ich immer nur husten musste. Da habe ich geweint und wollte sofort aufhören mit der dummen Schwimmerei.

Hallo, Nadine!

Und warum hast du dann doch nicht aufgehört?

Ich wollte ja unbedingt schwimmen lernen und endlich ohne Schwimmhilfe ins große Becken gehen. Der Schwimmlehrer hat mich getröstet und Mama war bei der Schwimmprüfung dabei. Mit ihr habe ich sogar Atemübungen zu Hause in der Badewanne gemacht. Ich habe mir immer gesagt: „Du schaffst es!" Und jetzt habe ich mein *Seepferdchen*.

Was hast du nun noch vor?

Ich will weiterhin üben, damit ich noch sicherer und schneller werde. Dann kann ich beim Schwimmen zeigen, dass ich besser bin als mein Bruder Patrick. Im nächsten Schwimmkurs lerne ich dann das Rückenschwimmen. Das macht bestimmt viel Spaß.

Vielleicht gehe ich auch bald zum Schwimmtraining. Dort lerne ich die anderen Schwimmarten, den richtigen Startsprung und die Wenden. Ich könnte dann an Wettkämpfen teilnehmen und in einer Staffel starten.

> Na, Nadine,
> da hast du ja noch jede Menge vor.
> Ich wünsche dir weiterhin viel Freude.
>
> Bis bald und vielen Dank für das Interview.

Ich lerne Schwimmen

Speedster und Fini machen einen Angelausflug

.... 4 Was ich mit in die Schwimmhalle nehme

Zum Schwimmen brauchst du nicht viel und das Allerwichtigste musst du bestimmt nicht einmal extra kaufen. Schwimmkleidung, Badeschuhe, Handtuch und Duschbad – schon kann es losgehen!

Schwimmkleidung

Alle Badegäste in der Schwimmhalle oder im Freibad tragen eine Badehose oder einen Badeanzug. Diese Kleidung sollte gut passen und beim Baden und Schwimmen nicht stören. Oft ist die Schwimmkleidung aus einem besonderen Stoff, der sich nicht so sehr voll Wasser saugt. Nasse Schlabberkleidung ist viel zu schwer und behindert dich beim Bewegen.

Ich lerne Schwimmen

Vor vielen Jahren waren auch andere Badesachen supermodern. Kannst du dir vorstellen, so wie diese beiden Kinder ins Wasser zu gehen?

Badekappe

In manchen Bädern musst du eine Badekappe tragen. Das ist vorgeschrieben, damit keine ausfallenden Haare im Wasser herumschwimmen und den Ablauf verstopfen. Es gibt auch Schwimmlehrer, in deren Gruppen die Kinder Badekappen in der gleichen Farbe tragen. So wissen sie genau, wer dazugehört. Steht dann noch der Name darauf, erkennen sie die Kinder leichter.

Badeschuhe

In den Umkleidekabinen ziehen alle Badegäste die Straßenschuhe aus, damit kein Schmutz in das Schwimmbad getragen wird. Mit Badeschuhen rutschst du auf dem nassen Fliesenboden nicht so leicht aus. Außerdem schützen sie deine Füße vor Pilz- und Infektionskrankheiten.

Was ich mit in die Schwimmhalle nehme

Schwimmbrille

Einige Schwimmer tragen eine Schwimmbrille, um ihre Augen vor dem gechlorten Wasser zu schützen.

Was du sonst noch brauchst

Selbstverständlich geht es vor und nach dem Schwimmen unter die Dusche. Stelle dir vor, da kommt so ein Schmutzfink mit dir zusammen ins Schwimmbecken. Wie ekelig ...!

Nach dem Schwimmen musst du dir das gechlorte Wasser gründlich abwaschen. Im Becken schützt das Chlor vor Krankheiten, aber danach würde es der Haut schaden.

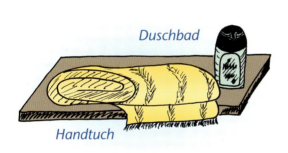

Duschbad

Handtuch

Eine Mütze ist wichtig an kalten Tagen, damit du dich auf dem Weg nach Hause nicht erkältest. Packe auch *etwas zu essen* mit ein, weil du nach dem Schwimmen immer mächtigen Hunger hast.

Ich lerne Schwimmen

Hier ist etwas zum Ausmalen. Viel Spaß!

28

Das Wasser

. . . . 5 Das Wasser

Woran denkst du bei dem Wort *Wasser*?

Zeichne es, schreibe es auf oder lass es dir aufschreiben.

Was uns bei *Wasser* eingefallen ist, findest du auf der Auflösungsseite. Hattest du die gleichen Ideen? Haben wir etwas Wichtiges vergessen?

Ich lerne Schwimmen

Welche Worte fangen mit Wasser an? Die Bilder helfen dir.

Fällt dir noch mehr ein, dann schreibe oder zeichne es.

Das Wasser

Wie Wasser sein kann

Wasser kann weich und angenehm warm sein.

Es ist nass und manchmal auch ziemlich kalt.

Wasser hat Kraft, kann auch hart und gefährlich sein.

Meerwasser ist salzig. Bei Sturm gibt es Wellen oder auch Strömungen, die der Schwimmer beachten muss.

Ich lerne Schwimmen

Wer schwimmen lernen will, muss sich mit dem Wasser auskennen

Daheim kannst du einige Versuche mit Wasser durchführen.

In der Badewanne

Du liegst in der Badewanne und schaukelst leicht hin und her. Das Wasser fängt an, sich mit dir zu bewegen und bald schaukelt der Körper, ohne dass man etwas tut. Vorsicht, nicht über den Wannenrand matschen!

Im Waschbecken

Fülle ein Waschbecken mit Wasser und lege einen kleinen Ball hinein. Zieh nun den Stöpsel. Was kannst du beobachten?

Das Wasser

Das Wasser trägt dich

So leicht, wie Fini sich das denkt, geht es natürlich nicht. Doch ist dir schon aufgefallen, dass alle Bewegungen im Wasser etwas anders sind als draußen?

💧 Lass dich im Becken umfallen und fühle, wie das Wasser dich auffängt. Im Wohnzimmer würdest du hart auf dem Teppich aufschlagen.

💧 Versuche, im Wasser schnell zu laufen und du spürst, wie das Wasser deine Bewegungen bremst.

💧 Bestimmt hat Mama schon geklagt, wie schwer du geworden bist und dass sie dich kaum noch tragen kann. Im Wasser bist du leicht wie eine Feder und Mama hält dich mit einer Hand.

 *Damit ein Gegenstand auf dem Wasser schwimmt, muss er bestimmte Eigenschaften haben. Ganz leichte Dinge, wie die Schwimmnudel, ein Schwimmbrettchen oder ein Flaschenkorken bleiben oben. Auch ein mit Luft gefüllter Ball oder eine leere Plastikflasche bleiben auf der Wasseroberfläche.*

Ich lerne Schwimmen

Hier ist ein Experiment mit einem Papierschiffchen. Probier es aus!

- Ist das Schiffchen trocken und leer, dann schwimmt es lustig auf dem Wasser.

- Wird das kleine Schiffchen aber nass gespritzt oder das Papier saugt sich voll Wasser, dann sinkt es tiefer und droht unterzugehen.

- Ein patschnasses Papierschiffchen, das voll Wasser läuft, ist zu schwer zum Schwimmen und sinkt zu Boden.

Du musst dir vorstellen, du verhältst dich im Wasser wie ein halb nasses Papierschiffchen. Du gehst nicht ganz unter, aber du bleibst auch nicht an der Wasseroberfläche. Um oben zu bleiben, musst du dich etwas bewegen, dann hilft dir das Wasser dabei.

Das Wasser

Schweben

Diese Übung kannst du in der Schwimmhalle ausführen. Setze dich auf die Stufen zum Schwimmbecken. Der Körper ist unter Wasser bis zum Kinn. Nun versuche, dich durch leichte Bewegungen auszustrecken.

Merkst du, wie leicht dein Körper im Wasser ist? Wenn du dazu noch einatmest, füllt sich dein Brustkorb mit Luft und es geht noch leichter.

Ich lerne Schwimmen

Päckchen

Auf der Zeichnung kannst du die **Hockschwebe** *sehen. Diese Übung ist ziemlich schwer und es gehört auch viel Mut dazu. Willst du es einmal probieren? Hole tief Luft und lass dich wie ein Päckchen treiben.*

Spielen im Wasser

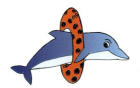

Damit du Spaß am Schwimmen hast, musst du dich im Wasser wohlfühlen. So, wie Fini, die am liebsten den ganzen Tag im Wasser herumplantscht. Hier findest du einige Wasserspiele für das flache Wasser.

- *Spielt* **Fangen oder Haschen**.

- *Habt ihr einen* **Ball** *dabei, dann werft ihn euch gegenseitig zu.*

- *Lustig ist auch, sich gegenseitig* **mit Wasser voll zu spritzen**. *Wer aufgibt, hat verloren!*

Das Wasser

Krokodil

Stütze dich im flachen Wasser nur mit den Händen ab und lass die Beine schweben. Nun laufe auf den Händen und fange die anderen.

Ich bin das Krokodil und fange alle Wasserschnecken!

Schwimmnudel

Probiere aus, was du alles mit der Schwimmnudel machen kannst. Der Junge auf dem Bild versucht, darauf zu reiten.

Ich lerne Schwimmen

Schwimmhilfen

Es gibt viele Schwimmhilfen zum Baden und Schwimmenlernen zu kaufen. Bestimmt hast du auch schon die eine oder andere geschenkt bekommen. Sie helfen dir, das Schwimmen leichter zu erlernen.

Wir haben dir hier einige Geräte aufgezeichnet, die du beim Spielen im Wasser zur Wassergewöhnung und beim Schwimmenlernen verwenden kannst. Am Ende musst du aber ohne Hilfe schwimmen können. Probiere also immer wieder aus, wie sich das anfühlt.

 *Male die Dinge aus, die du schon kennst. Was haben wir vergessen? Zeichne es noch dazu.*

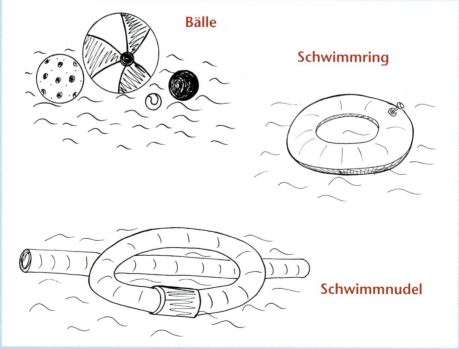

Bälle

Schwimmring

Schwimmnudel

Das Wasser

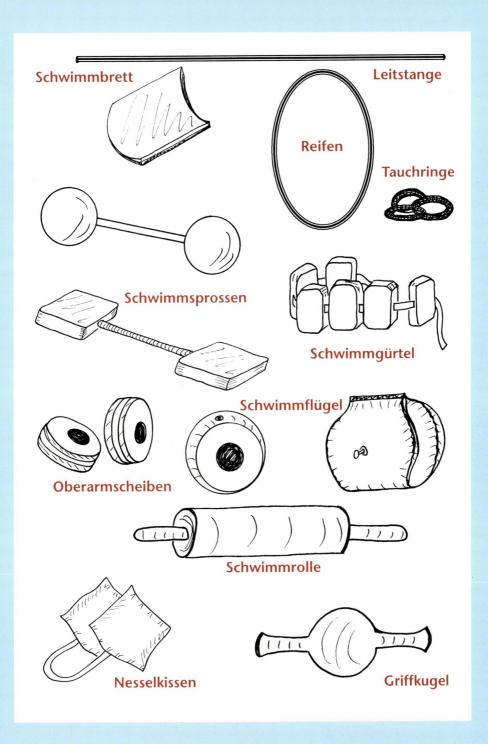

Ich lerne Schwimmen

Welche Schwimmhilfe nimmst du am liebsten mit ins Wasser?

Schwimmhilfen bieten keine Sicherheit vor dem Ertrinken! Gehe als Nichtschwimmer trotz Schwimmhilfe niemals allein ins tiefe Wasser.

.... 6 Wann wir das Schwimmen erlernen

Auf den Bildern siehst du, was Fini gerne im und am Wasser macht.

Schwimmen und Ballspielen

Springen und Tauchen

Boot fahren

Angeln

Im Winter auf dem gefrorenen See Eis laufen

Gefällt dir das auch?
Was machst du gerne am und im Wasser?

Ich lerne Schwimmen

Welche Tiere sind am Teich? Wo ist Fini? Welche Tiere leben noch am oder im Wasser?

Die Fische, die Frösche, die Enten und viele andere Tiere leben im und am Wasser. Fini natürlich auch. Sie finden dort ihre Nahrung und legen ihre Eier. Das Wasser ist ihr Lebensraum. Deshalb können sie so gut schwimmen, tauchen und zum Teil sogar im Wasser atmen. An Land ohne Wasser wären sie ganz unglücklich. Darum können die Jungen dieser Tiere, wie die kleinen Fische, die Entenküken und die Fröschlein, von Anfang an schwimmen. Sie werden gleich im oder am Wasser geboren und schwimmen sofort los.

Wie du bestimmt auch, lieben fast alle Menschen das Wasser. Viele Familien fahren im Urlaub an einen See oder an das Meer. Aber eigentlich gehört der Mensch ans Land. Die meisten Babys mögen das Wasser, aber schwimmen können sie nicht. Das lernen die Kinder erst später.

Wann wir das Schwimmen erlernen

Babyschimmen und Wassergewöhnung

Bist du auch ein Badewannensuperplantscher? Hat deine Mama Mühe, dich aus dem Badewasser zu bekommen? Viele Kinder mögen es, im warmen Wasser zu plantschen, zu spielen, zu tauchen und zu blubbern.

Wenn die Mamas, Papas, Omas oder Opas Zeit haben, gehen sie mit ihren Babys oder kleinen Kindern in die Schwimmhalle zum Babyschwimmen. Das ist natürlich noch kein richtiges Schwimmen, aber sie haben viel Spaß im Wasser. Am Anfang ist es den Kleinen noch recht unheimlich in einem so großen Schwimmbecken, doch bald haben sie Freude an den Übungen. Die Gewöhnung an das Wasser ist sehr wichtig für das spätere Schwimmenlernen. In manchen Orten gibt es aber keine schöne Schwimmhalle für Kinder, oder die Eltern müssen zur Arbeit und haben nicht so viel Zeit. Dann kannst du einiges in der Badewanne ausprobieren. Für die Übungen auf den nächsten Seiten musst du auch nicht unbedingt ein Baby sein. Diese Übungen kannst du später, vielleicht im Freibad oder im Urlaub, machen.

Eine Seefahrt, die ist lustig!

Ich lerne Schwimmen

Auch wenn die Kinder noch nicht schwimmen, spielen sie gerne im und mit Wasser.

Kennst du das Spielzeug? Male es aus und dein Lieblingsspielzeug dazu.

Wann wir das Schwimmen erlernen

Die ersten Begegnungen mit dem großen Wasser

Kannst du dich noch erinnern, als du das erste Mal in der Schwimmhalle, im Freibad, im Badesee oder sogar im Meer warst? So viel Wasser! Es ist nass, spritzt und macht Wellen. Hattest du Angst vor dem Wasser oder bist du gleich hineingestürmt?

Wie du ja schon weißt, ist das Wasser nicht der Lebensraum des Menschen. Du musst dich daher langsam daran gewöhnen. Aber dann hast du gewiss viel Spaß.

Beim Babyschwimmen lernen die kleinen Kinder noch nicht das richtige Schwimmen. Sie haben Freude am Strampeln, lernen jedoch noch keine Armbewegung für das Brustschwimmen und auch noch keinen Beinschlag. In den Babyschwimmkursen sollen die Kleinen an das Wasser gewöhnt werden, sich wohlfühlen und die Angst verlieren.

Wann warst du das erste Mal in einem großen Wasser?
Hast du ein Foto davon?
Klebe es hier ein.

Ich lerne Schwimmen

Die Großen helfen

Es gibt viele Möglichkeiten des Haltens. Wenn dich ein Großer im Wasser hält, musst du dich sicher fühlen und darfst keine Angst haben. Wählt aus, was euch Freude macht und Sicherheit gibt.

Wenn du dich nicht die ganze Zeit wie ein kleines Äffchen an die Mama klammerst, kannst du auch die Arme und Beine bewegen. Lass dich an den Händen, Beinen oder nur am Kopf halten. Das macht Spaß!

Am schönsten ist es, sich im Wasser ganz fest anzukuscheln und tragen zu lassen.

Der Große hat die Hand unter dem Bauch und hält das Kind gut fest. Schön, wenn man so frei mit Armen und Beinen herumplantschen kann.

Wann wir das Schwimmen erlernen

Der Große hält unter den Armen an den Schultern fest.

Das geht in Bauchlage und auch in Rückenlage.

Das ist lustig!

Ich lerne Schwimmen

Hier wird durch die Beine gegriffen und der Bauch gehalten.

Das Kind wird nur noch an den Hüften gehalten.

Nun könnt ihr zusammen im Wasser hüpfen, schaukeln und drehen. Singt lustige Kinderlieder dazu und patscht mit den Händen auf das Wasser. Hast du Angst vorm Spritzen? Wie wäre es, wenn ihr einen Becher voll Wasser über dem Kopf ausgießt?

Zu den Schwimmhilfen, die wir schon erklärt haben, kannst du verschiedenstes Spielzeug mit ins Badewannen- oder Schwimmhallenwasser nehmen. Es sollte aus Plastik oder Gummi sein. Deine Eltern wissen sicher, was sich eignet und was besser nicht nass werden sollte.

Wann wir das Schwimmen erlernen

Einige Tipps von Fini

- Wenn die Mama nicht ganz sicher ist, ob das Spielen im Wasser gut für dich ist, dann fragt den Kinderarzt.

- Für gesunde Kinder ist Wasser ein riesiger Spaß. Bewegung im Wasser ist gesund und macht stark.

- Für kleine Kinder muss das Wasser schön warm sein, denn sie frieren leichter als die Großen.

- Kinder, die noch nicht schwimmen können, dürfen nie alleine ins tiefere Wasser. Vorsicht am Beckenrand, du kannst leicht ausrutschen und hineinfallen.

- Sei nicht übermütig und probiere nicht zu viele Kunststückchen auf einmal aus. Du solltest dich im Wasser nicht überanstrengen.

Wann ist die richtige Zeit zum Schwimmenlernen?

Alle Eltern wünschen sich, dass ihre Kinder bald schwimmen können. Dann brauchen sie nicht solche große Angst um sie zu haben, wenn sie in der Nähe von Gartenteichen, Swimmingpools oder am Strand sind.

Babys können im Wasser plantschen und manchmal sogar tauchen. Aber schwimmen können sie noch nicht. Dafür sind die Ärmchen und Beinchen zu schwach, die gleichzeitige Bewegung noch zu kompliziert und der Kopf viel zu groß und zu schwer.

Wir denken, die beste Zeit zum eigentlichen Schwimmenlernen ist vor der Einschulung mit etwa fünf Jahren. Es gibt natürlich Kinder, die schon eher anfangen. Es gibt aber auch Kinder, die das Schwimmen später lernen. In der Schule gibt es dafür den Schwimmunterricht. Zu spät ist es nie. Manche Männer und Frauen hatten als Kind keine Zeit oder auch keine Möglichkeit. Toll, wenn sie es später noch lernen! Für alle gibt es Schwimmlehrer und Schwimmkurse.

Der Ablauf ist immer der Gleiche:

Durch Spielen und Spaß an das Wasser gewöhnen.

Erlernen der Grundfertigkeiten.

Erlernen der Schwimmtechnik.

Erstes Ziel des Schwimmlernens ist das Zeugnis für Frühschwimmer, das *Seepferdchen*. Das haben wir in Kap. 10 erklärt.

Die Grundfertigkeiten

...7 Die Grundfertigkeiten

Bevor du als Schwimmanfänger mit den eigentlichen Schwimmbewegungen beginnst, musst du erst einmal etwas anderes können. Der Schwimmlehrer nennt das *Grundfertigkeiten*. Diese Grundfertigkeiten brauchst du, um dich im Wasser sicher zu fühlen und um für die Schwimmbewegungen gut vorbereitet zu sein.

Was kannst du schon?
Kreuze es an.

- [ ] Ins flache Wasser springen.
- [ ] Ins tiefe Wasser springen.
- [ ] Alleine wieder auftauchen.
- [ ] Toter Mann spielen.
- [ ] Beim Tauchen im Wasser die Augen öffnen.
- [ ] Mit dem Gesicht ins Wasser tauchen und ausblubbern.
- [ ] Dich durchs Wasser ziehen lassen.
- [ ] Im Wasser spazieren gehen.
- [ ] Mit Schwimmflügeln oder Schwimmring im tiefen Wasser sein.

Hast du schon viele Kreuze machen können? Wenn nicht, ist es auch nicht so schlimm. Du willst ja erst anfangen. Auf den nächsten Seiten sagen wir dir, was zu den Grundfertigkeiten gehört und zeigen dir, wie du üben kannst.

Viel Spaß dabei!

Ich lerne Schwimmen

Zur Wassersicherheit gehören:

Atmen

Tauchen

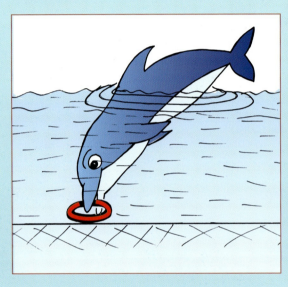

Springen

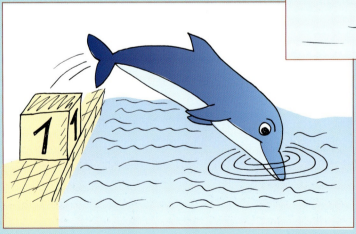

Die Grundfertigkeiten

Zur Schwimmfähigkeit brauchst du noch

Gleiten

Fortbewegen

Wir haben dir hier eine ganze Menge Übungen aufgezeichnet und beschrieben. Diese kannst du zum Teil alleine, mit anderen Kindern oder Erwachsenen üben. Hast du etwas gut geschafft, dann male Finis Blume aus.

Tauchen

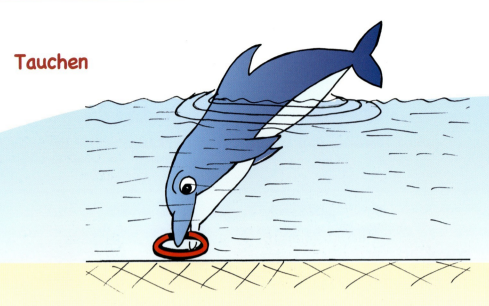

Warum musst du tauchen können?

Manchmal passiert es, dass dir im Meer eine große Welle ins Gesicht spritzt. Oder in der Schwimmhalle springt ein Kind direkt neben dir ins Wasser. Wer nicht tauchen kann, bekommt einen Schreck und vielleicht Angst. Du musst husten und reibst dir die Augen. Wenn du das Tauchen geübt hast, dann weißt du, dass ein bisschen Wasser im Gesicht nicht so schlimm ist. Du hast dann auch schon erlebt, dass der Mensch kurze Zeit unter Wasser bleiben und da sogar etwas sehen kann.

Egal, wie du für das *Seepferdchen* ins Wasser springst, bei jedem Sprung ins Wasser gehst du durch dein Gewicht erst einmal unter. Du tauchst also automatisch. Manche Menschen fühlen sich im Wasser pudelwohl. Sie könnten plantschen, springen und tauchen den ganzen Tag. Doch manchen Menschen ist es ziemlich unangenehm, nass gespritzt zu werden oder sogar mit dem Kopf unter Wasser zu kommen. Wie ist das bei dir?

Gleichgültig, ob du nun ein etwas ängstliches Kind oder ein Badewannensupertaucher bist, wer gut und sicher schwimmen will, darf keine Angst vor dem Tauchen haben.

 *Zum Tauchen gehört das furchtlose Untertauchen und das Orientieren mit offenen Augen.*

Die Grundfertigkeiten

Tauchübungen für das flache Wasser

Springbrunnen

Spritze dir selbst ganz viel Wasser ins Gesicht. Öffne dabei die Augen.

Unterwasserhöhle

Lass dir einen Reifen unter Wasser halten. Nun tauche ab, öffne die Augen und steige durch den Reifen.

Ich lerne Schwimmen

Hindernistauchen

Lege die Schwimmnudel, ein Schwimmbrett oder etwas Ähnliches auf das Wasser und tauche mit geöffneten Augen darunter hindurch.

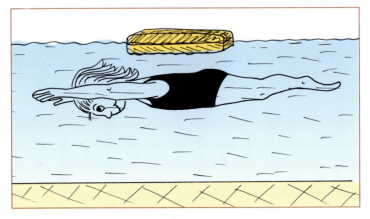

Schatzsuche

Wirf einen Tauchring oder einen anderen Gegenstand, der untergeht, ins Wasser. Nun hole ihn wieder hoch. Augen auf, sonst siehst du ja nichts!

Mit anderen kannst du spielen:

- Wer holt den Ring zuerst?
- Wer sammelt die meisten Ringe auf?

Tauche niemals einen anderen überraschend oder gegen seinen Willen unter Wasser!

Die Grundfertigkeiten

Einige Übungen für das tiefe Wasser

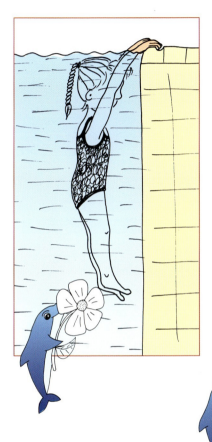

Fahrstuhl

Halte dich am Beckenrand fest, atme über Wasser tief durch den Mund ein und tauche langsam unter. Wenn du ausatmest, kannst du die Luftblasen sehen. Nun zieh dich wieder hoch.

Traust du dich nicht gleich, mit dem ganzen Kopf unterzutauchen, dann versuche es stückchenweise: erst bis zum Mund, dann bis zur Nase, dann bis zu den Augen und dann der gesamte Kopf.

Wer schafft es am längsten?

Lass dich ganz gerade nach unten sinken. Wenn du mit den Füßen den Beckenboden berührst, dann stoße dich wieder kräftig nach oben ab.

Denke daran: Niemals alleine üben!

Springen

Warum musst du ins Wasser springen können?

Wenn du ins Wasser springst und dann wieder auftauchst, zeigst du, dass du keine Angst vor dem Wasser hast. Falls du dann vielleicht einmal plötzlich ins Wasser fällst, ist der Schreck nur halb so groß. Du tauchst wieder auf und kannst über die ganze Sache lachen. Außerdem ist bei den meisten Schwimmwettkämpfen der Sprung ins Wasser der Beginn des Wettschwimmens.

Zum Springen gehört:

- der mutige Absprung von einer erhöhten Absprungstelle und
- das sichere Auftauchen.

Die Grundfertigkeiten

Übungen im flachen Wasser

Diese beiden Übungen machst du im flacheren Wasser, wo du gerade noch stehen kannst. Es sollte nicht zu flach sein, damit du dich beim Aufsprung nicht verletzt.

Zielspringen

Springe vom Beckenrand aus in einen Reifen hinein.

Die Zehen umkrallen den Beckenrand!

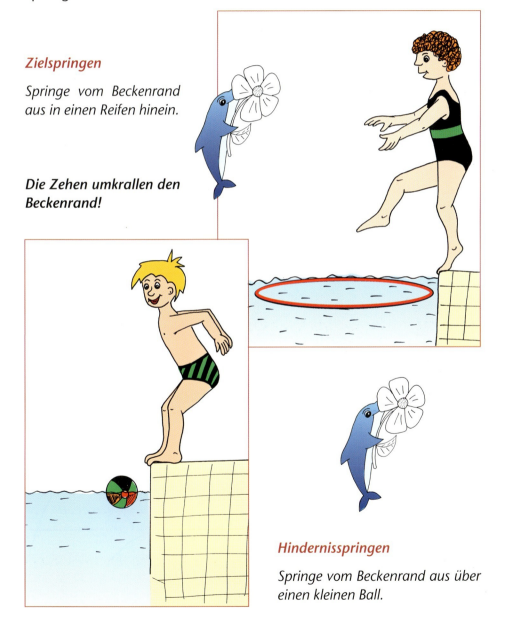

Hindernisspringen

Springe vom Beckenrand aus über einen kleinen Ball.

Ich lerne Schwimmen

Sprungübungen für das tiefe Wasser

Im tiefen Wasser wirst du beim Eintauchen zunächst untergehen. Das ist klar, denn du bist ja schwer und mit Schwung eingetaucht. Aber, wie du schon weißt, hilft dir das Wasser beim Aufsteigen. Du machst ein paar Bewegungen mit Armen und Beinen und tauchst wieder auf. Also, nur Mut! Außerdem ist ja immer jemand bei dir, der aufpasst und dich im Notfall hochzieht.

Leitstange fangen

Springe gut ab, damit du die Leitstange greifst. Im Wasser kannst du dich daran festhalten. Vorsicht, nicht zur Wand springen!

Die Grundfertigkeiten

Sprung mit Sicherung

Beuge die Knie, hole Schwung mit den Armen und springe ganz hoch ab. Du kannst gestreckt und gerade eintauchen. Willst du die anderen necken, dann hocke die Beine an. Das spritzt besonders schön.

Bist du noch etwas ängstlich, dann hilft eine Leitstange, die dir ins Wasser gehalten wird. So kannst du dich nach dem Auftauchen gleich festhalten.

Der Kopfsprung

Aus dem Sitz

Zum Kopfsprung gehört schon recht viel Mut! Versuche es deshalb erst einmal im Sitzen. Die Hände zeigen zum Wasser und der Kopf ist zwischen den Armen. Die Füße stellst du auf die Überlaufrinne oder stemmst sie gegen die Beckenwand. Nun lass dich nach vorn fallen und stoße dich mit den Füßen kräftig ab.

Aus dem Kniestand

Der nächste Schritt ist der Kopfsprung aus dem Kniestand. Knie dich an den Beckenrand und lass dich kopfüber ins Wasser fallen.

Die Grundfertigkeiten

Aus dem Stand

Nun kannst du dich an den Kopfsprung wagen. Der ist später als Startsprung sehr wichtig.

- *Dafür stellst du dich vorn an den Beckenrand.*
- *Deine Zehen umkrallen die Kante.*
- *Nimm die Arme nach vorn.*
- *Lass ich ins Wasser fallen.*

Bist du schon ein wenig geübt, dann versuche, etwas weiter nach vorn zu springen. Achte darauf, dass du immer zuerst mit den Händen eintauchst.

 Springe als Nichtschwimmer niemals alleine ins tiefe Wasser und achte darauf, dass das Wasser tief genug ist.

Ich lerne Schwimmen

Atmen

Warum musst du im Wasser anders atmen?

Das war bestimmt eine deiner ersten Entdeckungen im Wasser. Du hast Wasser geschluckt, weil du im Wasser einatmen wolltest.

Luftholen ohne Wasserschlucken ist gar nicht so schwer. Du musst es nur üben. Dann geht das Atmen fast automatisch und du kannst beim Schwimmen genauer auf die Arme und Beine achten.

Was passiert, wenn du unter Wasser Luft holen willst? Genau, du schluckst Wasser. Damit das nicht passiert, musst du das richtige Atmen üben.

Zum Atmen gehört:

💧 *Das kräftige Einatmen über Wasser durch den Mund.*

💧 *Das bewusste Ausatmen ins Wasser durch Mund und Nase.*

💧 *Das regelmäßige Ein- und Ausatmen beim Fortbewegen.*

Die Grundfertigkeiten

Einatmen und ausatmen!

Übungen im Wasser

Entenrennen

Lass eine Quietscheente auf dem Wasser schwimmen. Nun versuche, durch Pusten die kleine Ente zum Beckenrand zu treiben.

Blubberblasen

Atme tief ein und ins Wasser aus. Schau, wie die Luftblasen aufsteigen. Versuche, ganz lange zu blubbern. Wie lange schaffst du es?

Diese Atemübungen klappen auch gut in der Badewanne!

Die Grundfertigkeiten

An der Hand

Haltet euch an den Händen fest. Nun atme tief ein, tauche unter Wasser und atme aus. Kannst du die Luftblasen aufsteigen sehen?

Paddeln

Halte dich an einem Schwimmbrett fest und paddle mit den Beinen. Zum Einatmen drehst du den Kopf zur Seite und ausgeatmet wird nach unten ins Wasser. Wie weit kommst du mit dieser Technik?

Nun kannst du alle Übungen, die du für das Tauchen ausgeführt hast, mit der richtigen Atmung wiederholen.

Einatmen geht nur über Wasser. Ausatmen solltest du ins Wasser.

Ich lerne Schwimmen

Gleiten

Warum muss ein Schwimmer gleiten können?

Es reicht nicht, nur die Schwimmbewegungen zu machen. Du solltest auch an der Wasseroberfläche bleiben und nicht untergehen. Dazu musst du gleiten können. Wenn du dich ganz lang auf dem Wasser ausstreckst, kannst du für kurze Zeit auf dem Wasser liegen. Das ist, als ob es dich trägt.

Dieses Gefühl musst du kennen, bevor du mit den eigentlichen Schwimmübungen beginnst.

Dazu gehört, dass du in Brustlage oder auch in Rückenlage nach kräftigem Abstoß mit gestreckten Armen und Beinen ein Stück im Wasser gleitest.

Die Grundfertigkeiten

Übungen für das Gleiten

„Toter Mann"

Dazu atmest du tief ein, legst dich ganz lang auf das Wasser und bewegst dich nicht. Du kannst dich dafür auch erst einmal irgendwo festhalten.

Versuche es auch in der Rückenlage.

Delfinrollen

Nun drehe dich während des Gleitens vom Bauch auf den Rücken und vom Rücken auf den Bauch – wie kleine Delfine beim Spielen.

Ich lerne Schwimmen

Eisenbahn

Lass dich durch das Wasser ziehen. Halte das Gesicht dabei hoch, zur Seite oder ins Wasser. Versuch es auch einmal in der Rückenlage. Wie wäre es mit einer Runde im Kreis?

Freunde

Mit anderen Kindern lässt sich diese Übung ausführen. Habe Vertrauen, sie lassen dich gewiss nicht los!

Die Grundfertigkeiten

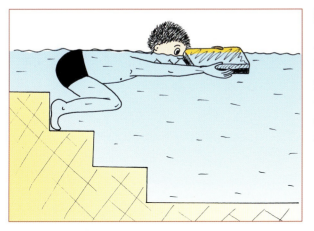

Mit Schwimmhilfe

Stoße dich mit den Füßen kräftig ab und gleite, so weit es geht. Du musst dich gut strecken. Wenn du möchtest, nimm ein Schwimmbrett oder eine Schwimmsprosse in die Hand.

Das geht in Bauchlage und auch in Rückenlage. Wie weit kannst du gleiten?

In Rückenlage ohne Hilfe

Halte die Arme seitlich.

Halte die Arme gestreckt nach hinten.

Fortbewegen

Warum muss man sich im Wasser fortbewegen können?

Es ist ganz wichtig, dass du dich im Wasser auskennst und mit dem Wasser vertraut bist. Beim Schwimmen kann auch mal etwas Überraschendes passieren. Die Hand tut weh und du kannst sie nicht mehr bewegen, du hast dich verschluckt oder große Wellen kommen. Da können die Kinder Angst bekommen. Nun musst du dich erinnern, wie du auch anders vorwärts kommst. Im flachen Wasser kannst du gehen oder du kannst dich an etwas festhalten und mit den Beinen paddeln.

Übe diese Vorwärtsbewegungen auch, wenn du noch keine Schwimmart erlernt hast.

Im Wasser fortbewegen, heißt, dass du die Arme und Beine so bewegst, dass du vorwärts kommst. Wichtig ist dabei schon das regelmäßige Atmen.

Die Grundfertigkeiten

Übungen im flachen Wasser

Schaufelbagger

Im flachen Wasser kannst du gehen. Es ist zwar etwas mühsamer als auf dem Gehweg, aber du kommst sicher vorwärts. Wenn du dich mit den Händen abdrückst und schaufelst, geht es noch besser.

Schiffsmotor

Setze dich an den Beckenrand und paddle kräftig mit den Beinen.

Vorsicht, nicht ins Wasser fallen! Spürst du den Wasserwiderstand?

Ich lerne Schwimmen

Übungen im tiefen Wasser

Du weißt, dass du niemals allein ins tiefe Wasser gehen darfst. Wenn aber ein Schwimmer bei dir ist, dann probiere doch diese Übungen aus.

Hangeln

Kannst du dich am Beckenrand festhalten, dann hangle dich daran entlang. So kannst du auch vom Tiefbereich wieder ins Flachwasser kommen oder dich retten, wenn du vom Beckenrand fällst.

Mit den Schwimmhilfen kannst du dich schon recht selbstständig im Becken bewegen. Denke aber daran, das ist noch kein Schwimmen! Rutscht dir die Schwimmnudel aus den Händen oder entweicht die Luft aus den Schwimmflügeln, dann gehst du unter!

Also, Vorsicht, nie alleine ins tiefe Wasser!

Die Grundfertigkeiten

Vorwärtsbewegungen

Hast du eine Schwimmhilfe, wie Schwimmring, Brett, Schwimmsprosse, Schwimmflügel oder Schwimmnudel, kannst du mit den Armen oder Beinen paddeln. So kommst du auch vorwärts.

Du gelangst zum Beckenrand, wenn du die Beine bewegst, als ob du läufst.

Ich lerne Schwimmen

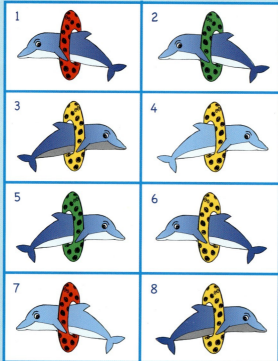

Nur zwei Delfine sind gleich. Welche sind es?

... 8 Das Brustschwimmen

Eigentlich kannst du jede Schwimmart zum Schwimmenlernen auswählen. Die meisten Schwimmanfänger entscheiden sich aber als erste Schwimmart für das Brustschwimmen. Du auch? Das ist so, weil die meisten Menschen am liebsten in Bauchlage schwimmen. So können sie gut sehen, was rundherum passiert und haben weniger Angst.

In Bauchlage schwimmt dein Körper gut im Wasser und das gibt Sicherheit. Schwimmanfänger können mit dem Brustschwimmen eher ausdauernd schwimmen und lange Strecken zurücklegen.

 *Willst du schwimmen ohne Plage, dann geh in die Gleitbootlage!*

Wie Finis Boot im Wasser liegt, ist auch für den Schwimmer die beste Lage. Du solltest gerade im Wasser liegen – vorn etwas höher, hinten etwas tiefer. Der Körper ist nicht zu flach und nicht zu steil.

Wie das Brustschwimmen ausgeführt wird

Brustschwimmen ist eine Gleichschlagschwimmart. Dabei werden beide Beine und beide Arme gleichmäßig bewegt. Der Körper liegt schräg, wie ein Gleitboot, im Wasser. Der Po ist etwas tiefer als die Schultern.

Zu jeder Armbewegung gibt es eine Beinbewegung. Wenn die Hände und Unterarme nach innen geführt werden, beginnt das Anziehen der Beine. Beim Strecken der Arme erfolgt der Unterschenkelschlag.

Die Beine

Die Beine bewegen sich gleichzeitig. Die Unterschenkel und Füße führen eine Schlagbewegung aus. Das gibt den kräftigen Abstoß.

Dafür werden die Knie eng gehalten und die Füße zum Po geführt. Beim Grätschen der Unterschenkel drehen die Zehen nach außen. Wenn die Fußsohlen und Unterschenkel fast senkrecht stehen, dann werden sie kräftig nach hinten geschlagen. Beim Strecken der Füße drücken sich die Fußsohlen kräftig vom Wasser ab.

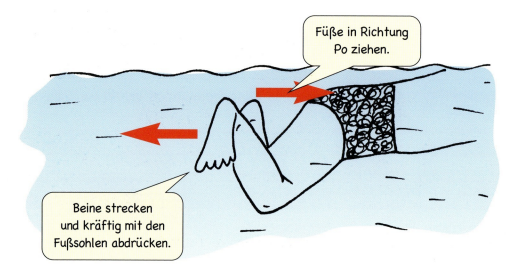

Das Brustschwimmen

Die Arme

Der Armzug erfolgt nach außen und unten hinten. Bevor die Oberarme die Höhe der Schultern erreichen, werden Hände und Unterarme in Richtung Brust geführt. Dabei sollten die Ellbogen nach vorn zeigen. Die Hände berühren sich fast unter dem Kinn. Dann werden die Arme schnell gestreckt und die Schultern schieben sich mit nach vorn.

Die Atmung

Während die Hände und Unterarme nach innen geführt werden, wird schnell und tief durch den Mund eingeatmet. Dabei wird nur der Kopf leicht angehoben. Beim Strecken der Arme wird das Gesicht leicht auf das Wasser gelegt und lang und gleichmäßig durch Mund und Nase ausgeatmet.

Die **Gesamtbewegung** findest du auf den nächsten Seiten.

Ich lerne Schwimmen

Der Bewegungsablauf beim Brustschwimmen

Du stößt dich mit den Füßen von der Wand ab und gleitest. Dabei atmest du durch Mund und Nase aus. Die Hände drehen sich zum *Wasserfassen*.

Nun beugst du die Arme etwas und führst sie zur Seite. Der Kopf geht langsam wieder hoch.

Du ziehst die Arme mit viel Kraft nach unten hinten bis auf Schulterhöhe. Die Ellbogen zeigen nach vorn.

Das Brustschwimmen

Nun führe die Arme ganz schnell an den Körper heran. Dabei werden die Beine gebeugt und die Fersen zum Po gezogen. Die Hände sind unter dem Kinn. Der Kopf hebt sich aus dem Wasser zum Einatmen. Atme tief und kräftig durch den Mund ein.

Drehe die Füße nach außen und ziehe die Zehen zum Knie. Die Knie sind etwa hüftbreit auseinander und die Füße etwas weiter. Der Kopf senkt sich langsam wieder. Das Gesicht geht zum Ausatmen ins Wasser.

Du stößt dich ganz kräftig mit den Füßen ab. Gleichzeitig streckst du die Arme und schiebst die Schultern nach vorn. Beine, Füße, Arme und Hände sind gestreckt und du gleitest. Dabei wird kräftig durch Mund Nase ausgeatmet.

Darauf musst du beim Brustschwimmen besonders achten

Beim Brustschwimmen ist der Kopf etwas höher als der Po. Du liegst im Wasser wie ein Gleitboot. Die Schultern sind gerade und wackeln nicht hoch und runter. Du bewegst die Arme und Beine ruhig und gleichmäßig. Vergiss das Atmen nicht!

Beim Beinschlag

- Ziehe die Fersen gleichzeitig zum Po.
- Die Füße werden gedreht, sodass die Zehen nach außen zeigen.
- Stoße dich mit den Füßen ganz kräftig nach hinten ab.

Beim Armzug

Du darfst die Arme nicht zu weit nach hinten ziehen. Nur bis unter die Schultern. Dann ganz schnell die Arme zum Körper führen. Beim Strecken sind die Handflächen flach.

Halte die Finger deiner Hand fest zusammen. Dann arbeitet die Hand wie eine Schaufel und kann das Wasser kräftig wegdrücken.

Das Brustschwimmen

Tipps

Hier folgen einige wichtige Hinweise, die dir der Schwimmlehrer, die Mama, der Papa, die Oma, der Opa oder ein anderer geben kann.

- ☐ Schultern waagerecht! Körper gerade, Hüfte fest!
- ☐ Po unter Wasser!
- ☐ Blick geradeaus, Augen oberhalb der Wasseroberfläche!
- ☐ Bewege ein Bein wie das andere!
- ☐ Ziehe die Fersen gleichzeitig zum Po, nicht ruckhaft!
- ☐ Knie nicht unter den Bauch ziehen!
- ☐ Zehen nach außen und zum Knie!
- ☐ Unterschenkel schnell und kräftig nach hinten schlagen!
- ☐ Mit den Fußsohlen vom Wasser abdrücken!
- ☐ Beine völlig strecken!
- ☐ Beine halbkreisförmig bewegen!
- ☐ Arme beim Durchziehen beugen!
- ☐ Ellbogen nicht hinter die Schulterlinie ziehen!
- ☐ Handflächen gerade, Finger locker zusammen! Knie fast zusammen!
- ☐ Hände seitlich nach hinten unten ziehen!
- ☐ Keine Pause, wenn sich die Arme unter dem Körper befinden!
- ☐ Arme vollständig strecken, Schultern mit nach vorn schieben!
- ☐ Tief einatmen, wenn die Arme unter dem Körper zusammengeführt werden!
- ☐ Beim Strecken der Arme vollständig in das Wasser ausatmen!
- ☐ Im letzten Teil des Armzugs die Beine anziehen!
- ☐ Kräftiger Abdruck der Beine, wenn sich die Arme strecken!

Kreuze mit Bleistift die Hinweise an, die für dich besonders wichtig sind. Ist der Hinweis nicht mehr notwendig, weil du es schon richtig machst, dann radiere das Kreuzchen wieder aus.

Wer dich beim Schwimmenlernen unterstützen will, muss dich gut beobachten und die Fehler sehen. Sei nicht sauer, sondern freue dich über die Hinweise. Sie sind lieb gemeint und helfen dir.

Ich lerne Schwimmen

Schau dir die Bilder genau an. Was machen die Kinder falsch? Wir haben um die Fehlerstellen einen Kreis gezeichnet. Die Auflösung findest du auf S. 141.

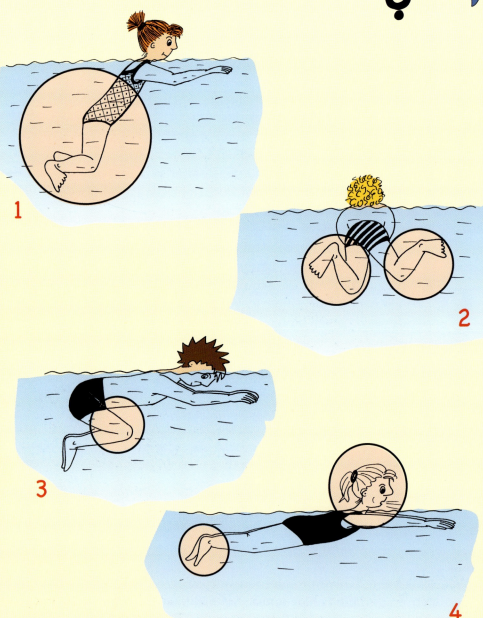

Das Brustschwimmen

Wie die Bewegungen beim Brustschwimmen richtig ausgeführt werden, findest du auf S. 78-83. Vergleiche!

So wird geübt

Hast du dir den Bewegungsablauf auf den Zeichnungen im Schwimmbuch angeschaut? Auch der Schwimmlehrer oder deine Eltern zeigen dir die Schwimmbewegung. Nun musst du viel, viel üben, damit es auch bei dir gut klappt.

Übe mit Hilfsmittel erst einmal die Bein- und Armbewegung getrennt. Da kommst du nicht so leicht durcheinander. Wenn es gut klappt, dann versuche es gleichzeitig.

Übungen an Land

Im Stehen, im Sitzen oder im Liegen auf dem Boden oder auf einer Bank werden die Bewegungen mit Armen und Beinen ganz langsam ausgeführt. Achte dabei auf die richtige Hand- und Fußhaltung. Vorsicht, nicht herunterfallen!

Diese Übungen kannst du auch daheim ausführen.

Das Brustschwimmen

Übungen im Wasser

So kannst du die Beinbewegung im Wasser üben:

- Halte dich am Beckenrand oder an der Leiter fest.
- Halte dich mit den Händen an einem Schwimmbrett, einer Schwimmsprosse oder der Schwimmnudel fest.
- Stoße dich vom Beckenrand ab und gehe in die Gleitlage. Die Arme sind vorn oder am Körper.

Ich lerne Schwimmen

 Vergiss bei allen Übungen das gleichmäßige und regelmäßige Atmen nicht. Sonst bist du ganz schnell außer Puste!

Das Brustschwimmen

So kannst du die Armbewegung im Wasser üben:

- Halte dich an den Trennleinen oder an den Sprossen der Leiter mit den Füßen fest.
- Lass dich von jemand im Wasser halten.
- Klemme ein Schwimmbrett oder einen Pull-Buoy zwischen die Beine.
- Stoße dich kräftig mit den Füßen ab und versuche die Armbewegung aus dem Gleiten.

So kannst du die Arm- und Beinbewegung zusammen üben:

- Du hast eine Auftriebhilfe um den Bauch. Entferne nach und nach Teile vom Schwimmgürtel oder lass immer mehr Luft aus den Nesselkissen. So lernst du, bald ohne Auftriebhilfe zu schwimmen.
- Du stößt dich kräftig vom Beckenrand ab. Aus dem Gleiten versuchst du, so viele Züge wie möglich zu machen.
- Übe ruhig und nicht zu hastig.

Ich lerne Schwimmen

Der Kopfsprung

Zum Brustschwimmen kannst du im Wasser stehen oder dich am Rand festhalten und dann gemütlich losschwimmen.

Aber wenn es schnell gehen soll, dann machen die Schwimmer einen Startsprung.

- Deine Knie und die Hüften sind gebeugt.
- Die Zehen krallen sich um die Vorderseite des Startblocks.
- Nimm die Hände nach unten oder nach hinten.

- Du springst mit ganzer Kraft ab.
- Dabei gehen deine Arme schnell nach vorn.

Das Brustschwimmen

3

- Die Hände tauchen zuerst ins Wasser ein.
- Versuche, möglichst flach einzutauchen.

- Zum kurzen Gleiten unter Wasser ist dein Körper ganz lang gestreckt.

4

Eine Möglichkeit des Startsprungs haben wir dir hier aufgezeichnet.

Ich lerne Schwimmen

.... 9 Das Rückenkraulschwimmen

Als Erstschwimmart das Rückenkraul auszuwählen, hat einige Vorteile. Das Wechselspiel von Armen und Beinen beherrschst du schon durch das Kleinkindkrabbeln und das Laufen. Außerdem ist die Atmung recht einfach, weil das Gesicht nicht im Wasser ist.

Die meisten Kinder, die aber mit dem Brustschwimmen begonnen haben, entscheiden sich dann als zweite Schwimmart für das Rückenkraulschwimmen.

 *Auch hier geht's ohne Plage, gehst du in die Gleitbootlage!*

Wie der Brustschwimmer liegt der Rückenschwimmer leicht schräg im Wasser.

Wie das Rückenkraul ausgeführt wird

Das Rückenkraulschwimmen ist eine Wechselschlagschwimmart. Dabei werden die beiden Arme und die beiden Beine abwechselnd bewegt. Der Körper liegt schräg wie ein Gleitboot im Wasser. Der Po ist tiefer als die Schultern. Der Blick ist auf die Füße gerichtet.

Die Beine

Die Beine werden pausenlos wechselseitig auf- und abwärts bewegt. Der kraftvolle Beinschlag erfolgt von den Hüften über den Oberschenkel. Die Beine werden dabei trotzdem locker gehalten. Beim Aufwärtsschlag sind die Zehen leicht nach innen gedreht und beim Abwärtsschlag stehen sie gerade. Die Knie dürfen die Wasseroberfläche nicht durchbrechen.

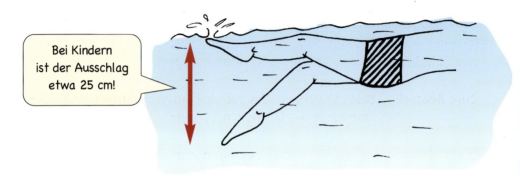

Bei Kindern ist der Ausschlag etwa 25 cm!

Das Rückenkraulschwimmen

Die Arme

Die Arme werden pausenlos wechselseitig neben dem Körper bewegt. Der Arm ist gestreckt und taucht dicht am Kopf in das Wasser ein. Sofort nach dem Eintauchen und dem Wasserfassen wird der Arm fast rechtwinklig gebeugt und dann zum Oberschenkel hin wieder gestreckt. Die flache Hand drückt gegen das Wasser. Wenn die Hand am Oberschenkel das Wasser verlässt, wird der Arm locker und gestreckt über Wasser zurückgeführt.

Die Atmung

Weil das Gesicht sich immer über Wasser befindet, ist eine Atmung eigentlich jederzeit möglich. Damit das regelmäßige Atmen nicht vergessen wird, muss ein Atemrhythmus geübt werden. Wähle dir selbst einen Zeitpunkt für das Einatmen und einen für das Ausatmen.

Zum Beispiel: Beim Durchzug des rechten Arms einatmen und beim Durchzug des linken Arms ausatmen.

Die **Gesamtbewegung** findest du auf den nächsten Seiten.

Ich lerne Schwimmen

Der Bewegungsablauf beim Rückenkraul

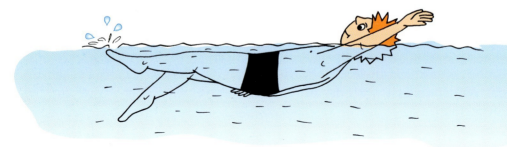

Die linke Hand wird mit dem kleinen Finger zuerst ins Wasser eingetaucht. Der Arm muss sofort Wasser fassen.

Während du den linken Arm nun seitlich nach unten drückst, kommt der rechte Arm aus dem Wasser heraus.

Beuge den Arm und drücke dich kräftig gegen das Wasser ab. Die Hand führt die Bewegung.

Das Rückenkraulschwimmen

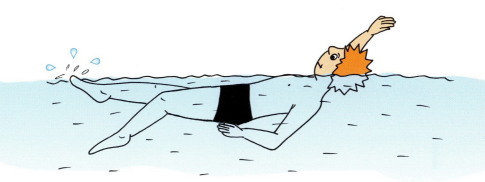

Führe die Hand schnell bis zum Oberschenkel.

Dann verlässt der linke Arm am Oberschenkel das Wasser.

Nun führst du den Arm locker, gestreckt und fast gerade über dem Wasser zurück.

Die Beine werden pausenlos bewegt. Auf eine vollständige Armbewegung machst du sechs Beinschläge.

Ich lerne Schwimmen

Darauf musst du beim Rückenkraul besonders achten

- Du tauchst mit dem kleinen Finger zuerst ein.
- Die Finger sind geschlossen.
- Beim Abdruck wird der Arm gebeugt.
- Mit dem Arm keine Pause am Oberschenkel machen.

 Durch die Armbewegung dreht sich der Körper etwas hin und her. Achte aber darauf, dass du nicht zu sehr rollst.

Das Rückenkraulschwimmen

Tipps

Hier sind einige wichtige Hinweise, die dir der Schwimmlehrer, die Mama, der Papa, die Oma oder ein anderer geben kann.

- ☐ Nicht sitzen, Po zur Wasseroberfläche!
- ☐ Schultern hoch!
- ☐ Nicht schaukeln!
- ☐ Nicht drehen!
- ☐ Körper gerade!
- ☐ Blick zu den Zehen!
- ☐ Kopf bleibt ruhig und entspannt, nicht zur Seite drehen!
- ☐ Bewegung kommt aus dem Oberschenkel!
- ☐ Knie unter Wasser, nicht zu stark beugen!
- ☐ Fußgelenk locker, Zehen lang, nicht Radfahren!
- ☐ Zehen nach innen (Onkelstellung) beim Aufwärtsschlagen!
- ☐ Zehen durchstoßen die Wasseroberfläche, Wellen bilden!
- ☐ Runde Bewegungen der Beine, nicht nur zittern!
- ☐ Kräftige, pausenlose Bewegung der Arme!
- ☐ Arme immer wechselseitig führen!
- ☐ Kräftig durchziehen, der kleine Finger zieht am Oberschenkel vorbei!
- ☐ Den letzten Abdruck betonen, nicht zu tief ziehen!
- ☐ Widerstand spüren, Finger nicht auseinander, Hand nicht verkanten!
- ☐ Arme gestreckt, Oberarm dicht am Ohr vorbei!
- ☐ Regelmäßig atmen!
- ☐ Festlegen, bei welchem Arm geatmet wird!
- ☐ Kräftig und vollständig ausatmen!

Kreuze mit Bleistift die Hinweise an, die für dich besonders wichtig sind. Ist der Hinweis nicht mehr notwendig, weil du es schon richtig machst, dann radiere das Kreuzchen wieder aus.

Ich lerne Schwimmen

Kannst du erkennen, was die Kinder beim Rückenschwimmen falsch machen? Wir haben um die Fehlerstellen einen Kreis gezeichnet. Die Auflösungen findest du auf S.142.

Das Rückenkraulschwimmen

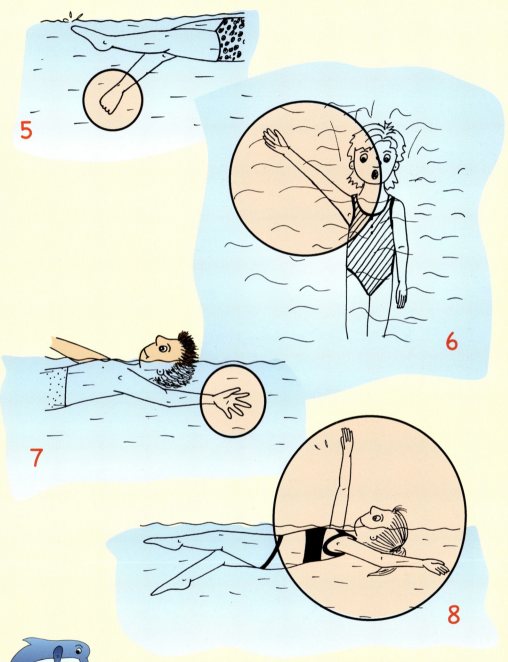

Wie die Bewegungen beim Rückenkraul richtig ausgeführt werden, findest du auf S. 94-99. Vergleiche!

Ich lerne Schwimmen

Fini und Speedster üben Rückenkraulschwimmen …!

Das Rückenkraulschwimmen

So wird geübt

Nachdem dir die Bewegungen für das Rückenschwimmen genau erklärt wurden, musst du viel, viel üben. Damit die Arme und Beine aber nun nicht nur wild herumstrampeln, brauchst du den richtigen Rhythmus. Das ist gar nicht so leicht.

Übe erst einmal mit den Beinen und danach mit den Armen. So kommst du nicht so leicht durcheinander. Wenn es gut klappt, dann versuche es gleichzeitig.

Übungen an Land

Im Stehen, im Sitzen am Beckenrand oder im Liegen auf einer Bank werden die Bewegungen mit Armen und Beinen ganz langsam ausgeführt. Achte dabei auf die richtige Hand- und Fußhaltung.

Diese Übungen kannst du auch daheim ausführen.

Ich lerne Schwimmen

Übungen im Wasser

So kannst du den Beinschlag im Wasser üben:

- Setze dich im Wasser auf die Treppenstufe.
- Halte dich am Beckenrand, an der Überlaufrinne oder an der Leiter mit den Händen fest.
- Lege ein Schwimmbrett unter den Kopf oder halte dich an einer Schwimmsprosse fest.
- Stoße dich vom Beckenrand ab und gehe in die Gleitlage. Die Arme sind hinten oder am Körper.

Vergiss bei allen Übungen das gleichmäßige Atmen nicht – sonst bist du bald außer Puste!

Das Rückenkraulschwimmen

So kannst du die Armbewegung im Wasser üben:

- Halte dich an der Überlaufrinne oder an der Leiter mit den Füßen fest.
- Lass dich von jemand im Wasser halten.
- Stoße dich kräftig mit den Füßen ab und probiere die Armbewegung aus dem Gleiten.

So kannst du die Arm- und Beinbewegung zusammen üben:

- Du hast einen Schwimmgürtel oder eine andere Auftriebhilfe um den Bauch und machst einige Arm- und Beinbewegungen.
- Du legst ein Brett unter den Kopf und hältst es nur mit einer Hand fest. Der andere Arm übt zusammen mit den Beinen. Dann wird gewechselt.
- Du stößt dich kräftig ab, gleitest und machst so viele Arm- und Beinbewegungen, wie du kannst.

Der Rückenstart

Bei einem Wettschwimmen starten die Schwimmer bei dem Kommando: „Los!" oder beim Startpfiff. Wie kommt man aber nun am schnellsten los? Dafür gibt es für das Rückenschwimmen einen besonderen Start.

1

Du hältst dich am Beckenrand, an der Überlaufrinne oder an der Leiter mit den Händen fest und stemmst die Füße gegen die Wand. Das Kinn ist auf der Brust.

Das Rückenkraulschwimmen

Beim Startkommando stößt du dich kräftig ab und streckst dabei die Beine. Die Arme gehen nach hinten.

Mit diesem Schwung und so gestreckt gleitest du einige Zeit durch das Wasser. Beginne zuerst mit den Beinschlägen und dann mit den Armen.

Ich lerne Schwimmen

Quiz für Frühschwimmer

Wir haben dir zu jeder Frage vier mögliche Antworten aufgeschrieben. Aber nur eine der vier Antworten ist richtig. Kannst du sie finden?

1 Was ist als Schwimmhilfe nicht geeignet?

- A Ein Gummiball
- B Eine Schwimmnudel
- C Ein Holzbrett
- D Ein Stein

2 Wie werden die Hände beim Abdruck gehalten?

- A Wie ein Kamm
- B Wie eine Harke
- C Wie ein Messer
- D We ein Spaten

3 Welche Schwimmart gehört nicht zu den Sportschwimmarten?

- A Rückenschmetterling
- B Kraul
- C Brustschwimmen
- D Rückenkraul

4 Womit beginnt ein Wettkampf im Brustschwimmen?

- A Losspringen
- B Reinhüpfen
- C Startsprung
- D Abtauchen

5 Für welche Sportart musst du gut schwimmen können?

- A Skispringen
- B Wasserball
- C Turnen
- D Fußball

Schwimmabzeichen

. . . 10 Schwimmabzeichen

Jeder Schwimmanfänger möchte nach dem vielen Üben im Schwimmkurs oder mit den Eltern endlich die **Frühschwimmerprüfung für das Seepferdchen** ablegen. Natürlich kannst du ganz stolz darauf sein!

Wenn du nun weiter übst und immer sicherer wirst, erreichst du bestimmt bald das **Vielseitigkeitsabzeichen Trixi**.

Kinder, die viel üben oder auch im Verein trainieren, wollen irgendwann die Anforderungen für den **Jugendschwimmpass** schaffen. Dafür musst du schon sehr schnell sein und die Technik gut beherrschen. Schau dir doch einmal die Anforderungen an. In einigen Jahren erwirbst du vielleicht auch einmal den Jugendschwimmpass in Bronze, Silber oder sogar in Gold.

Ich lerne Schwimmen

Das Frühschwimmerabzeichen „Seepferdchen"

Fleißiges Üben wird belohnt. Kannst du springen, tauchen und schwimmen, ist es möglich, das *Seepferdchen* zu erwerben. Fühlst du dich fit dafür, dann melde dich beim Schwimmlehrer oder Schwimmmeister und frag danach. Zeig ihm, dass du die Bedingungen erfüllst.

Dazu gehört:
- Vom Beckenrand ins tiefe Wasser springen, sicher auftauchen und 25 m in einer selbst gewählten Schwimmart schwimmen.
- Aus schultertiefem Wasser mit den Händen einen Gegenstand heraufholen.

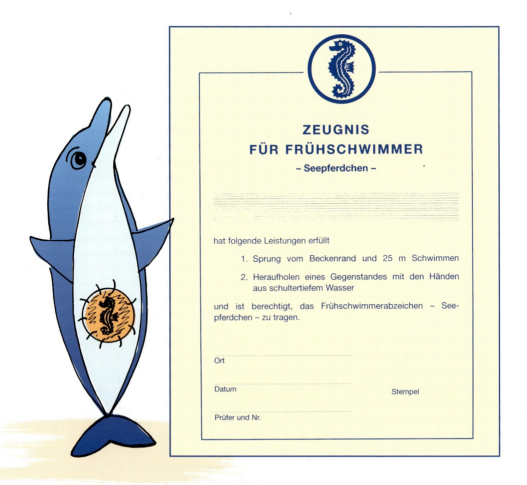

Schwimmabzeichen

Hast du alles geschafft, erhältst du das Frühschwimmerzeugnis. Für den Badeanzug oder die Badehose gibt es ein Seepferdchenabzeichen aus Stoff. Das wird angenäht und jeder kann es sehen.

Als Frühschwimmer darfst du in der Schwimmhalle auch ins große Becken mit tiefem Wasser. Denke aber immer daran, dass du mit dem „Seepferdchen" noch kein sicherer Schwimmer bist. Dafür musst du noch weiter üben.

Merkt's euch, ihr Wasserratten!

- Vor dem Schwimmen gehst du immer unter die Dusche und wäschst dich!
- Lange Strecken schwimmst du nur mit Vati oder Mutti!
- Frierst du, dann gehe schnell aus dem Wasser und ziehe dich warm an!
- In flaches oder unbekanntes Wasser springst du **nie** mit dem Kopf zuerst!
- Kaugummi und Flaschen nimmst du **nicht** mit in das Schwimmbad!
- Möchtest du, dass dich andere tunken oder ins Wasser schubsen? – also – lasse es auch selbst sein!
- Um Hilfe rufst du nur, wenn du wirklich große Angst hast!

. . . und noch was für Vati und Mutti

- Achtet auf eine angemessene Essenspause vor dem Schwimmen – ein voller Magen verursacht oft Übelkeit und kann eurem Kind gefährlich werden!
- Gebt eurem Kind keine Luftmatratze und kein Schwimmtier mit ins Wasser – beides bietet keinerlei Sicherheit in **tiefem** Wasser!
- Möchtet ihr, dass euer Kind unbeschadet bleibt? – also – lasst es nie unbeaufsichtigt am Wasser – es kennt keine Gefahr!

VERBÄNDE

ASB,	Arbeiter-Samariter-Bund e.V.
BDS,	Bundesverband Deutscher Schwimmeister e.V.
DLRG,	Deutsche Lebens-Rettungs-Gesellschaft e.V.
DRK,	Deutsches Rotes Kreuz e.V.
DSV,	Deutscher Schwimm-Verband e.V.
DTB,	Deutscher Turner-Bund e.V.
VDST,	Verband Deutscher Sporttaucher e.V.

Best.-Nr. 122 01300

Ich lerne Schwimmen

Vielseitigkeitsabzeichen „Seehund Trixi"

Bis zum Schulanfang solltest du die *Seepferdchen*-Prüfung abgelegt haben und ein Frühschwimmer sein. Doch mit dem *Seepferdchen* bist du noch kein sicherer Schwimmer – aber es ist der Beginn dafür!

 *Möchtest du noch mehr erreichen, dann versuche es doch mit dem Abzeichen „Seehund Trixi".*

Dazu gehört:
- 25 m Brustschwimmen,
- 25 m Rücken- oder Kraulschwimmen,
- 15 m dribbeln mit Wasserball im Wasser,
- Kopfsprung vorwärts,
- 7 m Streckentauchen,
- eine Rolle vorwärts oder rückwärts um die Quer- oder Längsachse im Wasser.

 Wer weiter übt und trainiert, der kann irgendwann auch einmal den Jugendschwimmpass erwerben. Die Bedingungen dafür siehst du auf der nächsten Seite.

Deutscher Jugendschwimmpass

Deutsches Jugendschwimmabzeichen – Bronze
Leistungen:
- Sprung vom Beckenrand und mindestens 200 m Schwimmen in höchstens 15 min,
- 1 x ca. 2 m Tieftauchen von der Wasseroberfläche mit Heraufholen eines Gegenstandes,
- Sprung aus 1 m Höhe oder Startsprung und
- Kenntnis der Baderegeln.

Deutsches Jugendschwimmabzeichen – Silber
Leistungen:
- Startsprung und mindestens 400 m Schwimmen in höchstens 25 min, davon 300 m in Bauch- und 100 m in Rückenlage,
- 2 x ca. 2 m Tieftauchen von der Wasseroberfläche mit Heraufholen je eines Gegenstandes,
- Sprung aus 3 m Höhe,
- 10 m Streckentauchen und
- Kenntnis der Baderegeln und der Selbstrettung.

Deutsches Jugendschwimmabzeichen – Gold (ab neun Jahre)
Leistungen:
- 600 m Schwimmen in höchstens 24 min,
- 50 m Brustschwimmen in höchstens 1:10 min,
- 25 m Kraulschwimmen,
- 50 m Rückenschwimmen mit Grätschschwung ohne Armtätigkeit oder 50 m Rückenkraulschwimmen,
- 15 m Streckentauchen.
- Tieftauchen von der Wasseroberfläche mit Heraufholen von drei kleinen Tauchringen aus einer Wassertiefe von etwa 2 m innerhalb von 3:00 min in höchstens drei Tauchversuchen,
- Sprung aus 3 m Höhe,
- 50 m Transportschwimmen: Schieben oder Ziehen,
- Nachweis der Kenntnisse der Baderegeln,
- Nachweis der Kenntnisse der Erste-Hilfe-Maßnahmen bei Bade-, Boots- und Eisunfällen (Selbstrettung und einfache Fremdrettung).

Ich lerne Schwimmen

........11 Schwimmen üben und trainieren

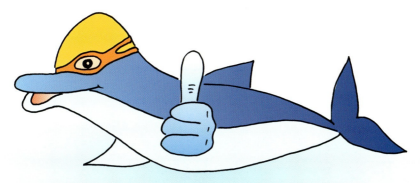

Das wirst du noch lernen

Auf den nächsten Seiten siehst du, wie es mit dem Schwimmenlernen weitergehen kann. Einiges davon wirst du im Schulschwimmen erlernen. Vielen Kindern macht es aber auch großen Spaß, im Verein zu schwimmen. Gemeinsam mit anderen Kindern trainierst du unter Anleitung eines Trainers. Wenn du fleißig übst, wirst du immer ausdauernder, schneller und sicherer. Mehr kannst du dazu in unserem Buch *„Ich trainiere Schwimmen"* nachlesen.

Schwimmarten

Nach deiner Erstschwimmart wirst du sehr bald die zweite erlernen. Nun kannst du schon Brust- und Rückenkraulschwimmen. Richtige Wasserratten sollten dann bald die schnellste Schwimmart, das Kraulschwimmen, versuchen. Das Schmetterlingsschwimmen ist am schwierigsten zu erlernen und nur für richtige Wettkampfschwimmer.

Auch wenn du kein Wettkampfschwimmer wirst, kannst du mit den Schwimmtechniken das ganze Leben mit Freude schwimmen und deine Gesundheit erhalten. Schwimmen verlernt man nicht!

Das Kraulschwimmen

Bei der schnellsten Schwimmart ist die Beinbewegung wie beim Rückenschwimmen – nur in Bauchlage.

Zum Atmen wird der Kopf nicht hin- und her-„geschleudert", sondern du entscheidest dich für eine Seite. Wenn der Arm aus dem Wasser kommt, atmest du ein und beim Eintauchen des anderen Arms ruhig ins Wasser aus.

Nachdem der Arm wie eine Schaufel ins Wasser eintaucht, ziehst du ihn gebeugt unter dem Körper durch das Wasser.

Deine Beine bewegst du pausenlos.

In Schulterhöhe wird der Arm am stärksten gebeugt.

Schwimmen üben und trainieren

Dein Arm taucht vor dem Kopf fast gestreckt ins Wasser ein. Dabei drehst du deinen Kopf zur anderen Seite.

Den anderen Arm ziehst du schnell und kräftig zum Oberschenkel. Jetzt atmest du ein.

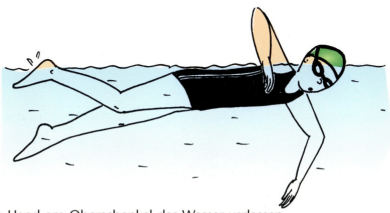

Nachdem deine Hand am Oberschenkel das Wasser verlassen hat, führst du den Arm entspannt übers Wasser. Dein Gesicht drehst du zur Ausatmung ins Wasser.

Ich lerne Schwimmen

Die Starts

Wer in Schwimmwettkämpfen startet, will natürlich der Schnellste sein. Alle Kinder stehen am Beckenrand oder auf dem Startblock und springen beim Startzeichen ins Wasser. Wenn du nur „hineinhüpfst" oder den „Köpfer" machst, gehst du erst einmal unter, paddelst nach oben und schwimmst dann erst los. Das braucht zu viel Zeit und die anderen sind längst weg!

Dein Startsprung oder der Rückenstart ins Wasser soll weit sein und so flach, dass du noch ein Stück im Wasser gleitest.

Der Startsprung

- Deine Arme sind hinten.
- Die Zehen krallen sich um die Vorderkante des Startblocks.
- Die Knie- und Hüftgelenke sind gebeugt.
- Du springst mit ganzer Kraft ab.
- Die Arme werden nach einer kleinen Ausholbewegung nach vorn gerissen und der ganze Körper ist in der Flugphase gestreckt.

- Der Kopf befindet sich zwischen den Armen.
- Die Hände sind zusammen und du tauchst flach mit den Händen zuerst ein.
- In der Gleitphase ist der Körper gestreckt.

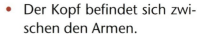

Beim Kraulschwimmen setzt zuerst die Beinbewegung ein. Beim Brustschwimmen wird ein Tauchzug bis zum Oberschenkel ausgeführt.

Schwimmen üben und trainieren

So wie den einfachen Kopfsprung haben wir auch schon den einfachen Rückenstart im Buch beschrieben. In diesem Kapitel wollen wir diese Starts noch etwas ausführlicher beschreiben.

Wenn du weiterhin Spaß am Schwimmen hast, wirst du diese Starts bald bei einem Trainer lernen und trainieren!

Der Rückenstart

- Dein Blick ist zur Wand gerichtet.
- Die Füße haben festen Halt an der Wand.

- Du springst kräftig ab und reißt dabei die Arme nach hinten.

- Du streckst deinen Körper.
- Die Hüfte kommt dabei nach oben.

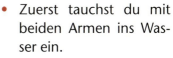

- Zuerst tauchst du mit beiden Armen ins Wasser ein.

- Du tauchst flach ein.

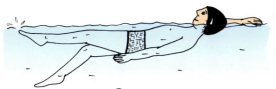

- Erst setzt die Beinbewegung ein.
- Dann folgen nacheinander die Arme.

Ich lerne Schwimmen

Die Wenden

Bei vielen Schwimmwettbewerben besteht die Strecke nicht nur aus einer Bahnlänge, sondern du musst mehrere Bahnen schwimmen. Am Ende der Bahn wird immer in die andere Richtung gewendet. Dafür gibt es je nach Schwimmart und Können verschiedene Techniken.

Die Brustwende

Diese Wende wirst du bestimmt zuerst lernen, deshalb wollen wir sie dir auch kurz erklären.

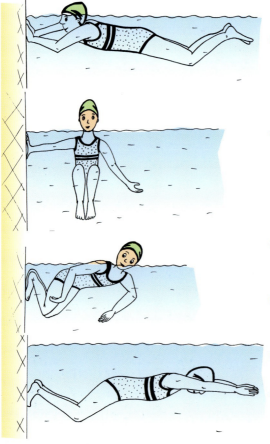

- Mit beiden Armen schlägst du gleichzeitig an der Beckenwand an. Dabei sind deine Arme leicht gebeugt!

- Nun ziehst du deine Beine unter Wasser zur Wand an. Mit den Armen wird der Körper von der Wand weggedrückt!

- Die Arme helfen bei der Drehung in die neue Richtung.

- Du hast deine Füße fest an der Wand und stößt dich kräftig ab!

- Strecke die Arme nach vorn.

- Danach folgt noch ein Tauchzug der Arme bis zum Oberschenkel.

Schwimmen üben und trainieren

Weitere Wenden

Vielleicht hast du dich schon gefragt, wie die Wettkampfschwimmer beim Rückenkraul oder beim Kraul wenden. Natürlich können sie nicht einfach anhalten, sich drehen und dann weiter in die andere Richtung schwimmen. Das kostet viel zu viel Zeit!

Hier wollen wir dir zeigen, wie das geht. Vielleicht wirst du es auch irgendwann einmal lernen. Beobachte doch einmal die Schwimmer bei einem Wettkampf. Um das perfekt zu können, müssen sie viele Jahre fleißig trainieren!

Kraulwende

Rückenwende

Bei diesen Wenden
- schwimmt der Schwimmer ganz schnell an,
- taucht im richtigen Moment ab,
- macht Rollbewegungen,
- stößt sich mit den Füßen kräftig ab und
- gleitet dann noch ein Stück unter Wasser.

Eine Wende muss immer sehr schnell ausgeführt werden, damit man keine Zeit verliert.

Ich lerne Schwimmen

Schwimmkombinationen

Die Arme beim Brustschwimmen bewegen sich gleichzeitig und machen das Gleiche. Dies nennt man eine **Gleichschlagbewegung**. So ist es auch bei der Beingrätsche. Eine **Wechselschlagbewegung** erkennst du daran, dass die Arme oder die Beine sich abwechselnd bewegen. So wie beim Kraul- oder Rückenkraulschwimmen.

Damit das Üben noch mehr Spaß macht und abwechslungsreicher ist, kannst du die Arm- und Beinbewegungen vom Brust- und Rückenkraulschwimmen miteinander kombinieren.

Versuche doch einmal diese Kombinationen!

- In Rückenlage bewegst du die *Arme im Gleichschlag* (also gleichzeitig) und die *Beine wie beim Rückenkraul*.

- In Rückenlage bewegst du die *Arme im Gleichschlag* (also gleichzeitig) und mit den Beinen machst du die **Beingrätsche**.

- In Rückenlage führst du die *Armbewegung vom Rückenkraul* aus und mit den Beinen machst du die *Beingrätsche*.

Hast du es ausprobiert, kannst du wieder die Blume ausmalen!

........12 Damit alles seine Ordnung hat

Baden und Schwimmen machen Spaß. In der Schwimmhalle kann man lustig herumplantschen und wenn die Sonne lacht, geht's ins Freibad oder ans Meer. Doch damit der Tag auch fröhlich bleibt, müssen sich alle Kinder und Erwachsenen ordentlich und rücksichtsvoll verhalten.

Vielleicht hast du schon Warnungen gehört, dass man sich beim Baden verletzen kann oder gar ertrinken kann. Damit du im Wasser sicher sein kannst, haben wir dir auf den nächsten Seiten einige wichtige Dinge aufgeschrieben.

Badeordnung – in der Schwimmhalle

Wenn du Badegast bist, musst du dich auch wie ein Gast verhalten. Gehe sorgsam mit den Einrichtungen in der Schwimmhalle um. Achte darauf, dass nichts beschmutzt und beschädigt wird. So haben alle lange viel Freude daran.

Ich lerne Schwimmen

Was sagst du zu Speedster? Hat er recht?

Damit alles seine Ordnung hat

Wichtige Regeln

- Ziehe im Barfußgang die Straßenschuhe aus, damit kein Schmutz in die Halle gelangt.

- Vor dem Schwimmen gehe in den Duschraum. Dusche dich gründlich ohne Badekleidung und seife dich ab. Benutze auch die Toilette.

- Du möchtest gewiss auch nicht in schmutzigem Wasser herumschwimmen.

- Nimm kein Essen und Trinken mit in die Halle. Die Krümel verschmutzen das Wasser. Wegen der großen Verletzungsgefahr darfst du keine Glasflaschen mitnehmen!

In jeder Schwimmhalle hängt eine Badeordnung aus. Sucht diese bei euch und lest sie gemeinsam durch. Lass dir erklären, was du nicht verstehst.

Nun kannst du Finis Blume ausmalen!

Ich lerne Schwimmen

Nimm Rücksicht auf die anderen Badegäste. Verhalte dich so, dass keiner gestört, verärgert oder gar verletzt wird.

- Nur dort springen, wo es erlaubt ist. Beim Springen schauen, dass du niemand auf dem Kopf landest.

- Beim Schwimmen darauf achten, dass die Bahn frei ist und du mit keinem zusammenstößt.

- Stoße keinen anderen Badegast ins Wasser oder drücke ihn unter Wasser. Er könnte erschrecken, Angst bekommen oder Wasser schlucken.

Verhalte dich so, dass du selbst keinen Schaden nimmst.

- Gehe als Nichtschwimmer nicht alleine ins Becken.

- Gehe als Schwimmanfänger auch mit *Seepferdchen* nur mit einem guten Schwimmer ins tiefe Wasser. Wenn du unsicher oder schwach wirst, ist gleich Hilfe da.

- Am Beckenrand sollst du langsam gehen und nicht rennen. Du kannst sonst leicht ausrutschen und hinfallen.

Die arme Fini hat jetzt eine Beule! Warum hat der Junge denn nicht geschaut, bevor er gesprungen ist?

Badegäste, die sich nicht an die Badeordnung halten, müssen das Schwimmbad verlassen.

Wenn sie sich sehr rücksichtslos verhalten haben, dürfen sie das Schwimmbad nicht mehr betreten.

Der Schwimmmeister

Hast du schon den Schwimmmeister in der Schwimmhalle gesehen? Er muss gut aufpassen, dass alle Badegäste die Regeln einhalten und sich ordentlich verhalten. Wer sich nicht benimmt, wird ermahnt. Auf den Schwimmmeister oder andere Mitarbeiter in der Schwimmhalle muss gehört werden!

Der Schwimmmeister achtet auch darauf, dass keinem Badegast etwas passiert. Dafür sitzt er hinter einer großen Glasscheibe oder steht am Beckenrand und beobachtet alle Leute im Schwimmbecken. Er kann sehr gut und schnell schwimmen und kennt die Rettungsgriffe. Ruft ein Kind oder ein Erwachsener um Hilfe oder ist in Gefahr, dann hilft er.

Rufe niemals nur so zum Spaß um Hilfe. Der Schwimmmeister würde zu dir eilen und kann dann vielleicht nicht sehen, wenn wirklich ein Mensch in Gefahr ist.

Ich lerne Schwimmen

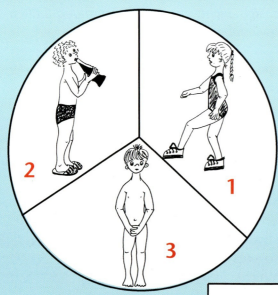

Die Kinder sind in der Schwimmhalle. Schau dir die Bilder an. Was machen sie falsch?

Welche Dinge gehören nicht in die Schwimmhalle? Streiche durch, was du daheim lassen musst.

Damit alles seine Ordnung hat

Jetzt geht es an den Badesee oder ans Meer

Tom hat die Prüfung für das *Seepferdchen* bestanden. Ganz stolz trägt er nun das kleine *Seepferdchen* an seiner Badehose. Mama hat es am selben Tag noch angenäht. „Endlich", denkt er, „kann ich überall schwimmen, wie ich will!"

Am nächsten Samstag ist es schön warm und die Familie fährt zum Badesee. Tom zieht seine Badehose an und springt sofort ins tiefe Wasser. Was war denn das? Das Wasser ist so kalt, er kann vor Schreck seine Beine und Arme kaum bewegen. Und schwupp, spritzt ihm eine Welle auch noch Wasser ins Gesicht. Zum Glück ist Papa da und hält ihn fest. „Na, du Superschwimmer", sagt er, „es geht wohl doch noch nicht so einfach, wie du dachtest!"

 *Mit dem „Seepferdchen" darfst du zwar schon ins tiefe Wasser, aber das bedeutet nicht, dass keine Gefahr mehr besteht. Nun musst du das Schwimmen im kalten oder auch welligen Wasser üben. Sei immer vorsichtig, wenn du an ein fremdes Gewässer kommst.*

Einige wichtige Baderegeln

Bist du rundherum fit und gesund,
gibt's fürs Draußenbleiben keinen Grund.

•

Prüfe erst die Temperatur im Becken,
sonst kannst du dich leicht erschrecken.

•

Viele Getränke und Speisen im Magen
bringen beim Schwimmen Unbehagen.

•

Bist du erhitzt vom Spielen und vom Sonnenschein,
springe nicht gleich ins kalte Wasser hinein.

•

Beachte immer Bojen, Absperrleinen und Wetterbälle,
sie schützen dich vor einer Gefahrenquelle.

•

Auch wenn die Freunde von der Luftmatratze winken,
als Nichtschwimmer kannst du dort leicht abrutschen und ertrinken.

•

Gehst du ins Wasser, sag immer Bescheid,
so ist bei Gefahr die Hilfe nicht weit.

•

Dort, wo die großen Kinder springen und tauchen,
können sie Schwimmanfänger nicht gebrauchen.

•

Wer im Wasser friert, macht schnell schlapp.
Gehe eiligst raus und trockne dich ab.

Damit alles seine Ordnung hat

Erste Hilfe

Natürlich wünschen wir dir ein fröhliches und unbeschwertes Badevergnügen.

Beachtest du die Baderegeln, kannst du viel für deine Sicherheit tun. Sollte aber doch mal etwas passieren, ist es gut, vorbereitet zu sein.

Rettung in der Not

Siehst du, dass ein Schwimmer in Not ist, musst du ihm helfen.

- Wirf etwas ins Wasser, woran er sich festhalten kann (einen Rettungsring, ein Schwimmbrett, eine Schwimmnudel oder Ähnliches).

- Hole Hilfe! Sag dem Schwimmmeister oder einem Erwachsenen Bescheid.

- Wenn du sicher am Ufer stehst, kannst du auch ein Seil oder einen Stock hinhalten.

- Versuche nicht, als Schwimmanfänger hinzuschwimmen. Du bist noch zu schwach und unsicher. Bei diesem Rettungsversuch könntest du selbst ertrinken.

Wenn du selbst in Not bist

- Ruhe bewahren, denn durch wildes Gezappel verlierst du zu viel Kraft. Versuche, dich irgendwo festzuhalten.

- Mache andere Schwimmer durch Rufen oder Winken auf dich aufmerksam.

Wenn du einen Krampf hast

Wenn die Finger, Füße oder Beine ganz steif werden, hast du wahrscheinlich einen Krampf. Das passiert, wenn man sich zu sehr anstrengt oder das Wasser zu kalt ist. Ein Krampf ist gefährlich, weil du dich so nicht mehr richtig bewegen kannst. Doch du kannst dir selbst helfen.

Hast du einen **Fingerkrampf**, dann sind die Finger plötzlich ganz steif und schmerzen.

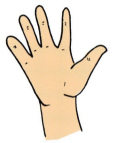

Im Wechsel: Die Hand ganz weit öffnen und dann eine Faust machen.

Sind die **Zehen** ganz gespreizt und steif, ist der Krampf dort.

Im Wechsel: Die Zehen nach unten drücken und loslassen.

Ist der Oberschenkel ganz hart und tut weh, hast du einen **Oberschenkelkrampf**.

Im Wechsel: Das Bein fest zum Po ziehen und strecken.

Damit alles seine Ordnung hat

Bei einem **Wadenkrampf** ziehe kräftig an der großen Zehe.

Jetzt mache ein paar Übungen daheim.

Speedster liebt es, auf seiner Luftmatratze mit den Wellen zu schaukeln. Manchmal sind die Wellen so stark, dass er über Bord fällt. Aber das ist bei Speedster nicht so schlimm, denn er ist ein toller Taucher und Schwimmer. Er hat auch schon lange geübt.

Für einen Schwimmanfänger ist es besonders wichtig, dass er sich nicht unnötig in Gefahr begibt. Luftmatratzen, Schlauchboote oder Surfbretter sind sehr gefährlich. Sie können schnell umschlagen und auf den Schwimmer fallen.

Ich lerne Schwimmen

......13 Fit und gesund

Die meisten Menschen, die Sport treiben, wollen dabei Spaß und Erfolg haben. Ein wichtiges Ziel beim Sport besteht aber auch darin, seinen Körper gesund und fit zu halten.

Richtiges Essen will gelernt sein

Wenn du Sport treibst, verbrauchst du mehr Energie als ein Stubenhocker. Deshalb schmeckt es dir nach den Schwimmstunden am besten – weil du Hunger hast!

Fast alle Kinder essen gerne Schokoladenriegel, Chips, Pommes und Pizza. Das ist nun nicht gerade die beste Sportlermahlzeit, vor allem, wenn man diese Sachen in zu großen Mengen und zu oft isst. In solchen Nahrungsmitteln ist zu viel Fett enthalten.

Die Schwimmstunde war toll! Aber jetzt habe ich Hunger!

Die bessere Mahlzeit nach den Schwimmstunden ist Vollkornbrot mit Käse, Obst und Joghurt. Es gibt eine Menge Nahrungsmittel, die gesund sind und auch schmecken.

Versuche, dich abwechslungsreich und maßvoll zu ernähren.

Wer schwitzt, muss regelmäßig trinken

Ob du es glaubst oder nicht, auch der Schwimmer schwitzt. Beim Schwimmen verlierst du viel Flüssigkeit, die du dem Körper durch ausreichendes Trinken wiedergeben musst. Die besten Durstlöscher sind Mineralwasser, Fruchtsaftmischungen (also Fruchtsaft mit Wasser verdünnt) oder Tee (auch mit Honig gesüßt).

Reine Säfte, Limo oder Cola sind als Flüssigkeitsersatz nicht geeignet. Sie enthalten viel zu viel Zucker.

Wenn du durstig bist und trinkst, dann achte darauf, dass du nicht zu hastig trinkst. Besser sind öfter kleine Schlucke.

Pass auf, dass du dir nicht den Magen voll pumpst und du dich dann kaum noch bewegen kannst. Wenn du vor den Schwimmstunden zu viel trinkst, hängst du im Wasser wie ein nasser Sack.

Nimm keine Glasflaschen mit in die Schwimmhalle oder in das Freibad. Sie gehen schnell kaputt. Andere Schwimmbadbesucher laufen barfuß und können sich schlimm an den Scherben schneiden.

Fit und gesund

Gesund und munter

Kinder sollen sich an der frischen Luft bewegen. Sie müssen sausen, toben und klettern. Das hält gesund und fit. Dazu gehört natürlich auch der Besuch im Schwimmbad. Bist du aber nicht so ganz gesund, dann frage den Arzt. Er wird dir und den Eltern genau erklären, was beim Schwimmbadbesuch zu beachten ist.

 *Ein erfolgreicher Tag beginnt mit einem guten Start am Morgen!*

Einige Tipps von Fini!

- Gehe rechtzeitig ins Bett und schlafe ausreichend!

- Freue dich auf den neuen Tag.

- Recke und strecke dich nach dem Aufstehen. Wie wäre es mit etwas Morgengymnastik?

- Nach dem Waschen ist eine kalte Dusche ideal. Das erfrischt und härtet ab.

- Zu einem guten und gesunden Frühstück gehören Vollkornbrot, Müsli, Cornflakes, Milch, Joghurt und Obst.

- Nach dem Essen Zähneputzen nicht vergessen!

Ich lerne Schwimmen

Eine gute Kondition ist wichtig

O weh, o weh ich kann nicht mehr! Ich bin total platt!

O je, was ist denn mit Fini los? Sie hat erst 10 Minuten Schwimmen geübt und ist schon so geschafft, dass sie kaum noch aufstehen kann! Ist dir das auch schon passiert? Kommst du auch so leicht außer Puste und bist schnell kraftlos? Dann musst du etwas für deine **Kondition** tun!

Was sollte ein Schwimmer besonders gut können? Streiche durch, was nicht so ganz wichtig ist. Wenn wir etwas vergessen haben, dann schreibe es dazu!

Skifahren

Flöte spielen

Schnell laufen

Springen

Mit geöffneten Augen tauchen

Arme und Beine getrennt voneinander bewegen

Gleiten

Beobachten

Eine Stunde Sport treiben

Unter Wasser ausatmen

Tanzen

Witze erzählen

Fit und gesund

So kannst du deine Kondition verbessern

Es gibt viele Sportarten, mit denen du deine Ausdauer, deine Kraft und die Beweglichkeit verbessern kannst. Bestimmt findest auch du etwas, das dir Spaß macht. Z. B.:

- *Joggen,*
- *Radfahren,*
- *Skateboard fahren,*
- *Tanzen,*
- *Handball spielen,*
- *Fußball spielen,*
- *Skifahren,*
- *Wandern*

und noch vieles mehr.

Ich lerne Schwimmen

**Fini und Speedster schwimmen um die Wette.
Wer kommt zum Ball und wer kommt zur Ente?**

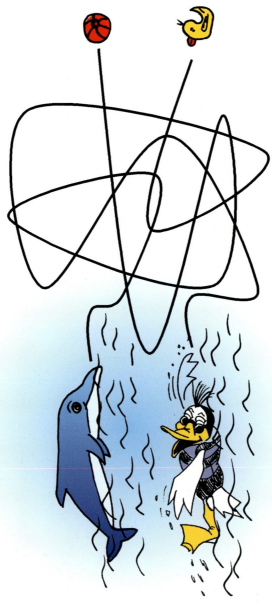

..... 13 Auflösungen und Antworten

S. 29 Bei dem Wort Wasser fällt uns ein: nass, warm, kalt, wellig, Schiff, Meer, schwimmen, waschen, Dusche, Schwimmhalle, Badehose, Quietscheente, angeln, tauchen, gefährlich, Spaß, Ball, Urlaub, Regen, Gummistiefel, trinken.

S. 30 Wasserball, Wasserhahn, Wasserschlange, Wassertropfen, Wasserrutsche.

S. 32 Es entsteht ein Strudel und der Ball dreht sich im Sog mit.

S. 42 Frosch, großer Fisch, kleiner Fisch, drei Kaulquappen, Schildkröte, große Ente, Entenküken.

S. 46 Fini ist hinter den Rohrkolben.

S. 49 Die Plüschkatze solltest du nicht mit ins Wasser nehmen.

S. 76 Die Delfine 3 und 8 sind gleich.

S. 84/85
1 Der Körper hängt zu tief im Wasser.
2 Die Beine bewegen sich nicht gleichmäßig.
3 Die Knie werden zu weit unter den Bauch gezogen.
4 Die Füße sind nicht gestreckt. Zum Ausatmen das Gesicht auf das Wasser legen.
5 Der Fuß durchbricht die Wasseroberfläche und mit dem Fuß wird aufs Wasser geschlagen.
6 Die Arme gehen zu tief und zu weit nach hinten.
7 Die Finger sind nicht geschlossen.
8 Die Ellbogen sind zu hoch. Sie durchbrechen die Wasseroberfläche.

Ich lerne Schwimmen

S. 100/101   **1** Der Po ist zu tief.
              2 Der Kopf ist zu weit hinten und der Blick nicht auf die Füße gerichtet.
              3 Die Knie sind zu hoch, sie durchbrechen die Wasseroberfläche.
              4 Die Füße sind nicht gestreckt.
              5 Ein Fuß ist verkantet. Das nennt man Scherschlag.
              6 Der Arm geht zu weit nach außen und ist nicht eng am Körper.
              7 Die Finger sind nicht geschlossen.
              8 Die Armbewegung ist nicht gleichförmig.

S. 108   Quiz für Frühschwimmer
        1 – D ein Stein
        2 – D wie ein Spaten
        3 – A Rückenschmetterling
        4 – C Startsprung
        5 – B Wasserball

S. 124   Jeder Badegast muss sich vor dem Schwimmen duschen und gründlich waschen. Wenn jeder so denkt wie Speedster, wäre im Schwimmbecken nur noch schmutziges Wasser. Hättest du Lust, da hineinzugehen?

S. 128   **1** Eine Glasflasche in der Schwimmhalle ist verboten. Wenn sie zerbricht, kann man sich an den Scherben sehr schlimm schneiden. Außerdem solltest du erst nach dem Schwimmen etwas essen und trinken.
           2 Keiner darf die Schwimmhalle mit Straßenschuhen betreten.
           3 Das Kind hat wohl seine Badesachen vergessen. Ordentliche Badekleidung ist in den Schwimmhallen für alle vorgeschrieben.

S. 140   Fini gelangt zum Ball und Speedster zur Ente.

.... 15 Auf ein Wort

Liebe Eltern, liebe Großeltern, liebe Geschwister, liebe Freunde ....!

Das Schwimmenlernen stellt einen wichtigen Entwicklungsschritt im Leben der Knirpse dar. Die lange Überschrift zeigt schon, wie viele Personen unsere Kinder beim Schwimmenlernen unterstützen wollen. Im Buch sprechen wir dann manchmal nur von den „Großen".

Es ist wichtig zu erkennen, dass das Schwimmen am Anfang nicht nur eine Freizeitbeschäftigung oder eine von vielen Sportarten ist, sondern Schwimmen muss jeder können. Neben zahlreichen gesundheitlichen Aspekten hat es lebensrettende Bedeutung. Können unsere Kinder schwimmen und sich sicher im Wasser bewegen, ist uns eine große Angst genommen. Viel unbeschwerter genießen wir den Aufenthalt am, auf und im Wasser.

Was ist der richtige Weg?

Der sprichwörtliche Sprung ins kalte Wasser ist wohl nicht der geeignetste Weg, den Kindern die Scheu vor dem Wasser zu nehmen sowie Freude am Schwimmen und später eventuell auch am Schwimmsport zu entwickeln.

Ich lerne Schwimmen

Vorsichtig gewöhnen wir unsere Kinder an das nasse Element. Meistens beginnt es ganz spielerisch in der Badewanne, später im Plantschbecken oder beim Babyschwimmen. Dafür haben wir in Kap. 6 einige Möglichkeiten aufgezeigt.

Die Ausbildung von Wassersicherheit und Schwimmfähigkeit, wie wir sie in Kap. 7 „Grundfertigkeiten" beschrieben haben, ist Voraussetzung für das eigentliche Schwimmenlernen. Gewiss finden Sie vielfältige Übungen und Möglichkeiten für Ihre Kinder. Ob mit Brustschwimmen oder Rückenkraul begonnen wird, spielt eigentlich keine Rolle. Bei den Schwimmlehrern gibt es dazu unterschiedliche Auffassungen, da beide Schwimmarten ihre Vorteile bieten. In Deutschland ist Brustschwimmen als Erstschwimmart am weitesten verbreitet.

Im Laufe der Zeit haben sich verschiedene Techniken der Schwimmarten und Methoden des Erlernens entwickelt. Wir haben Methoden und Möglichkeiten aufgeschrieben, die wir als die geeignetsten und besten sehen. So wie überall, gibt es auch hier verschiedene Meinungen. Sollten Sie oder der Schwimmlehrer andere Methoden als die im Buch genannten favorisieren, dann ist das auch in Ordnung.

Sind die lieben Angehörigen auch gute Lehrer?

Wer Lust, Zeit und die Möglichkeiten hat, seinem Kind das Schwimmen beizubringen, wird viel Freude dabei haben. Dieses gemeinsame Erlebnis verbindet und macht stolz. Es ist jedoch auch möglich, dass die große Vertrautheit und der liebevolle Umgang sich beim Schwimmunterricht eher hinderlich auswirken. Ob man da streng und konsequent genug sein kann, wenn es mal nicht so läuft? Beim Lehrer und in der Gruppe sagt das Kind nicht so schnell: „Ich habe keine Lust mehr!" oder: „Das mache ich nicht!"

In den Schwimmschulen gibt es für Kinder im Alter von ca. 3-4 Jahren Einzelunterricht, für Vorschulkinder Kleinstgruppenunterricht und für Schulkinder Gruppenunterricht. Mit einem erfahrenen Schwimmlehrer und in der Gruppe werden Sie bei Ihren Kindern schnell die Fortschritte sehen.

Auf ein Wort

Ohne Fleiß kein Preis und ohne Ziel kein Erfolg

Können Sie sich noch an die ersten Gehversuche Ihrer Kleinen erinnern? Wie wackelig und unbeholfen sie noch waren! Neben dem Stolz über den Fortschritt gab es auch Rückschläge, die sich in Tränen, schmutzigen Knien und Beulen zeigten. Das viele Üben kann man sich jedoch bei dem heutigen Flitzer kaum noch vorstellen.

Ähnlich ist es auch beim Schwimmenlernen. Der Superschwimmer wird nicht geboren, sondern auch hier bedarf es fleißigen Übens. Aber das macht nicht immer gleich viel Spaß. Dabei wird auch viel Wasser geschluckt, die Augen brennen manchmal und Arme und Beine schmerzen. Beim Üben passiert es häufig, dass die anfängliche Lust und Begeisterung nachlässt und die Tränen, die Mutlosigkeit und der Trotz kommen. Jetzt muss das Kind wissen: Wozu das alles überhaupt? Warum plage ich mich so? Besprechen Sie mit Ihrem Kind das Gesamtziel, nämlich das Schwimmen zu erlernen. Frage Sie nach den Vorteilen des Schwimmenkönnens und setzen Sie eventuell gemeinsam ein zeitliches Ziel für das *Seepferdchen*.

Warum willst du das Schwimmen erlernen?

- *Ich will mit meinen Freunden im Freibad herumtollen.* ☐
- *Meine Freunde können auch schwimmen.* ☐
- *Ich will keine Angst mehr vor dem tiefen Wasser haben.* ☐
- *Ich will, dass ich nicht im Wasser ertrinke.* ☐
- *Ich will mal superschnell schwimmen und Weltmeister werden.* ☐
- *Die Bewegung im Wasser macht mir Spaß und ist gesund.* ☐
- *Schwimmen muss einfach jeder können.* ☐

Wenn Sie selbst mit Ihrem Kind üben, dann lassen sich neben dem Gesamtziel auch Teilziele für jede einzelne Übungsstunde festlegen. Planen Sie gemeinsam mit Ihrem Kind Übungen, die geschafft werden sollen. Beispiele dafür finden Sie in Kap. 7 „Grundfertigkeiten". Bei Erreichen darf die Blume ausgemalt werden. Auch für das Brustschwimmen und Rückenkraul lassen sich Teilziele festlegen. Für kindgemäße Belohnungen haben Sie sicher selbst gute Ideen.

Wenn das Kind weiß, warum es etwas tut, fällt es ihm leichter, durchzuhalten. Klappt mal etwas nicht so, wie vorgenommen, ist es nicht so schlimm. Dann wird das Ziel noch einmal angepeilt. Auch Rückschritte sind im Lernprozess durchaus normal und dürfen nicht entmutigen. Erwarten Sie von Ihrem Kind nicht mehr, als es momentan zu leisten befähigt und bereit ist. Vergleichen Sie auch nicht immer mit Gleichaltrigen. Die Kinder in diesem Alter sind noch sehr unterschiedlich in ihrer Entwicklung. Orientieren Sie sich lieber am eigenen Kind und loben Sie seine Fortschritte.

Nutzen dieses kleinen Büchleins

Das Buch soll eine Art Nachschlagewerk, Tagebuch und Arbeitsbuch für die Kinder selbst sein. Sie erfahren darin Wissenswertes über alles, was mit dem Schwimmenlernen zu tun hat. Es soll zum Frühschwimmer *(Seepferdchen)* führen und noch ein Stück darüber hinaus.

In ihrem persönlichen Schwimmbuch können die Kinder Bilder ausmalen, Rätsel lösen, Fotos einkleben und Fortschritte eintragen. Da viele Schwimmanfänger noch Vorschulkinder sind, brauchen sie Ihre Hilfe beim Lesen der Texte. Schauen Sie sich gemeinsam die Bilder und Übungsbeispiele an. Sie kennen Ihr Kind am besten und fühlen selbst, wie Sie mit ihm umgehen müssen.

Lassen Sie sich von uns die notwendigen Anregungen geben. Wählen Sie Übungen aus dem Buch, die für Ihre Bedingungen durchführbar und geeignet sind. Es gibt viele sinnvolle Übungen, die der Wassergewöhnung, Wassersicherheit und Wasservertrautheit dienen. Durch behutsames Heranführen nehmen Sie dem Kind die Scheu.

Aus Angsthasen werden kleine Wasserratten!

Mit den Kinderschwimmbüchern soll unter Einbeziehung von Eltern, Großeltern, Geschwistern und Freunden die Ausbildung von Handlungskompetenz bei den Kindern im Übungsprozess verbessert werden. In einem Modellprojekt des Landessportbundes Sachsen, des Staatsministerium für Kultus und der Sportwissenschaftlichen Fakultät der Universität

Auf ein Wort

Leipzig im Jahr 2004 *(Dietze, Sperling, & Beise, 2006)* wurde der Beitrag des Buches zur Aneignung schwimmbezogenen Wissens, Könnens und Verhaltens dargestellt.

Rolle der Angehörigen während eines Schwimmkurses

Haben Sie sich für einen Schwimmkurs entschieden, dann überlassen Sie dem Schwimmlehrer die Arbeit am Becken. Zurufe der Eltern, wildes Gestikulieren wirken störend und lenken die Kinder nur ab. Die Begleitpersonen sollten nur eingreifen, wenn der Schwimmlehrer das wünscht. Dennoch ist es vor allem für die Vorschüler ganz wichtig, dass sie begleitet werden. Die Kleinen brauchen noch Hilfe im Umkleideraum und beim Duschen. Und wie wichtig ist auch Lob, Trost und Zuspruch von Mama, Papa, Oma, Opa oder einem anderen lieben Menschen. Teilen Sie die Freude über Lernfortschritte und zerstreuen Sie Zweifel am erfolgreichen Abschluss.

Alle können es schaffen!

Ich lerne Schwimmen

Was ein Schwimmlehrer für die Kinder haben muss

Auf ein Wort

Lieber Schwimmlehrer!

Wenn wir hier von *dem* Schwimmlehrer sprechen, meinen wir natürlich gleichzeitig auch alle Schwimmlehrerinnen.

Sicher werden Sie uns recht geben, wenn wir sagen, dass es ein tolles Gefühl ist, die Knirpse mit ihren gespannten Gesichtern und erwartungsvollen Augen vor sich zu sehen. Alle wollen sie das Schwimmen erlernen und die Verantwortung dafür liegt nun in Ihren Händen. Doch jedes von diesen Kindern ist anders. Da gibt es die Ängstlichen und Mutigen, die Talentierten und nicht so Talentierten, die Frühreifen und die Nachzügler. Jedes Kind ist eine eigene kleine Persönlichkeit mit ganz individuellen Voraussetzungen und eigener Entwicklungsgeschichte, mit Wünschen und Hoffnungen, mit Befindlichkeiten und Nöten. Allen gleichermaßen gilt unsere Aufmerksamkeit, unsere Fürsorge und Liebe.

Je besser sich ein Schwimmlehrer in seine Schwimmanfänger hineinversetzen, mit ihnen mitfühlen, auf sie zugehen und sie begeistern kann, desto größer wird seine Wirkung sein. Er muss die Kinder anspornen und ihnen zuhören, sie verstehen, loben und trösten – eben ein Herz für Kinder haben. Er muss auch mal einen Heißsporn bremsen oder tadeln, aber immer mit Achtung vor der kleinen Persönlichkeit.

Die Bedeutung dieses kleinen Buches

Viele Jahre Erfahrung am Beckenrand mit Schwimmanfängern können durch Bücher nicht ersetzt werden. Keine Zeichnung und kein Foto ist so viel Wert wie die Anleitung durch den Schwimmlehrer. Das Buch kann den Schwimmlehrer nicht ersetzen, aber es soll die Kinder beim Schwimmenlernen begleiten und die Arbeit des Schwimmlehrers unterstützen.

Durch viele Vorübungen mit den Eltern in der Badewanne und im Schwimmbad kann die Scheu vor dem Wasser genommen werden. Die Kinder werden mit dem Wasser vertrauter und verhalten sich sicherer, sodass ein besserer Start in den Schwimmkurs möglich ist und damit die Arbeit des Schwimmlehrers erleichtert wird.

Ich lerne Schwimmen

Die Einbeziehung von Eltern, Großeltern und Geschwistern, ohne deren Hilfe, zumindest im Vorschulalter, ein Schwimmkurs nicht zu realisieren ist, wird durch das Buch angeregt. Sie erhalten die Chance, ihre Kleinen aktiv im Lernprozess zu unterstützen.

Während des eigentlichen Schwimmenlernens bietet das Buch den Kindern Möglichkeiten, sich auch außerhalb der Schwimmhalle mit dem Schwimmen zu beschäftigen. Sie können Neuerlerntes nachschauen und erhalten Anregungen für Übungen daheim.

Dieses Buch soll für die Kinder der persönliche Begleiter beim Schwimmenlernen sein. Lassen Sie sie Eintragungen machen, verteilen Sie kleine Hausaufgaben und machen Sie ein Gruppenfoto zum Einkleben. Eine aktive Auseinandersetzung mit dem Schwimmen fördert das Interesse und die Freude an dieser Sportart. Vielleicht sehen Sie Ihre kleinen Schwimmanfänger dann auch bald im Schwimmverein.

Die Technik und Methodik, der zeitliche Ablauf sowie die Übungsfolge liegen selbstverständlich allein in der Verantwortung der Schwimmlehrer. Für kritische Hinweise und Anregungen sind wir jederzeit offen.

Wir wünschen viel Spaß und Freude mit Ihren Schützlingen!

..... Literaturnachweis

Barth, K. (2001-2011). *Kindersportbuch-Reihe: Ich lerne …/Ich trainiere …* Aachen: Meyer & Meyer Verlag.

Barth, K., Dietze, J. (2003). *Ich trainiere Schwimmen.* Aachen: Meyer & Meyer Verlag.

Beise, D. & Dietze, J. & Sperling, W. (2007). Schwimmenlernen Teil II. *Zeitschrift für den Schulsport, 29* (1), *6-16.* Aachen: Meyer & Meyer

Dietze, J. & Sperling, W. & Beise, D. (2006). Kindersportbücher – Ein Weg zum Schwimmerlernen. *Betrifft Sport, 28*(6), 22-31. Aachen: Meyer & Meyer

Graumann, D. (1996). *Babyschwimmen.* Flintbeck.

Hahmann, H. & Schneider, F. (1982). *Schwimmenlernen.* Schorndorf.

Jäger, K. & Oelschlägel, G. (1974). *Kleine Trainingslehre.* Berlin: Sportverlag.

Lewin, G. (1994). *Schwimmen kinderleicht.* Frankfurt a. M./ Berlin.

Luber, H. (ohne Jahrgang). *Der Schwimmsport.* Leipzig/Zürich.

Renner, W. & Dietze, J. & Müller, Ch. (1988). *Schwimmen, Anleitung für den Übungsleiter.* Berlin.

Stichert, K.-H. (1970). *Sportschwimmen.* Berlin.

Wilke, K. (2009). *Schwimmen lernen.* Aachen: Meyer & Meyer Verlag.

Bildnachweis

Titelgestaltung:	Sabine Groten
Zeichnungen:	Katrin Barth
Titelfoto:	[Goodshoot RF]/Thinkstock
Fotos (Innenteil):	Berndt Barth, Detlef Beise, Jürgen Dietze, Birgit Küspert, Manfred Sendelbeck, Wolfram Sperling, Regina Weitz, Volker Werner

Katrin Barth & Jürgen Dietze

Ich trainiere Schwimmen

Dieser optimale Trainingsbegleiter, der auf den Band „Ich lerne Schwimmen" aufbaut, hilft Kindern und Jugendlichen, ihre Fähigkeiten im Schwimmen auszubauen. Das Delfinmädchen Fini begleitet die Kinder durch das Buch, das mit kindgerechten Texten die Technik der einzelnen Schwimmarten beschreibt. Dies wird abgerundet durch Informationen zu Kondition, Kraft, Schnelligkeit und Beweglichkeit.

Auch in englischer Sprache

152 Seiten, zweifarbig,
15 Fotos, zahlreiche Abbildungen
Paperback mit Fadenheftung, 14,8 x 21 cm
ISBN 978-3-89124-910-1   € 14,90
E-Book 978-3-8403-0121-6

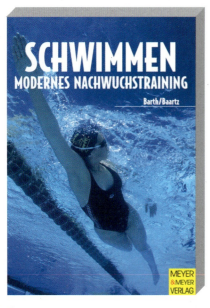

Berndt Barth & Roland Baartz

Schwimmen
Modernes Nachwuchstraining

Wie trainiere ich meinen Schwimmnachwuchs (zwischen 6 und 12 Jahren), ohne dass der Spaß dabei untergeht? Dieser Frage widmet sich dieses Buch. Eine ansprechende und altersgerechte Gestaltung der Trainingseinheiten und konkrete Hinweise, wie die jungen Sportler in die Lern- und Trainingsprozesse einbezogen werden können, stehen dabei im Vordergrund. Das Erreichen von Trainingszielen, die Selbstbewertung und -kontrolle bilden weitere Schwerpunkte.

168 Seiten, in Farbe,
49 Fotos, 15 Abbildungen, 16 Tabellen
Paperback mit Fadenheftung, 14,8 x 21 cm
ISBN 3-89124-986-1   € 16,90
E-Book 978-3-8403-0120-9

Weitere Titel zum Schwimmen finden Sie auf www.dersportverlag.de

Alle Bücher auch als **E-Books** – bequem & schnell powered by

MEYER & MEYER VERLAG
Von-Coels-Str. 390
52080 Aachen

Tel.: 02 41 - 9 58 10 - 13
Fax: 02 41 - 9 58 10 - 10
E-mail: vertrieb@m-m-sports.com
oder im Buchhandel